资助项目及编号：
国家社会科学基金青年项目"我国家庭异质性消费行为研究"（18CJL045）的阶段性成果

中国居民预防性储蓄与消费行为研究

宋明月 著

ZHONGGUO JUMIN YUFANGXING
CHUXU YU XIAOFEI XINGWEI YANJIU

中国社会科学出版社

图书在版编目（CIP）数据

中国居民预防性储蓄与消费行为研究/宋明月著. —北京：中国社会科学出版社，2019.6

ISBN 978-7-5203-4508-8

Ⅰ.①中⋯ Ⅱ.①宋⋯ Ⅲ.①居民储蓄—研究—中国②居民消费—消费者行为论—研究—中国 Ⅳ.①F832.22②F126.1

中国版本图书馆 CIP 数据核字（2019）第 101280 号

出 版 人	赵剑英
责任编辑	刘　艳
责任校对	陈　晨
责任印制	戴　宽

出　　版	中国社会科学出版社
社　　址	北京鼓楼西大街甲 158 号
邮　　编	100720
网　　址	http://www.csspw.cn
发 行 部	010-84083685
门 市 部	010-84029450
经　　销	新华书店及其他书店
印　　刷	北京明恒达印务有限公司
装　　订	廊坊市广阳区广增装订厂
版　　次	2019 年 6 月第 1 版
印　　次	2019 年 6 月第 1 次印刷
开　　本	710×1000　1/16
印　　张	11.5
插　　页	2
字　　数	150 千字
定　　价	56.00 元

凡购买中国社会科学出版社图书，如有质量问题请与本社营销中心联系调换
电话：010-84083683
版权所有　侵权必究

目　录

第一章　导论 ……………………………………………… （1）
　　第一节　问题的提出 …………………………………… （1）
　　第二节　制度改革背景 ………………………………… （5）
　　　　一　基本医疗保险制度改革 ………………………… （6）
　　　　二　基本养老保险制度改革 ………………………… （8）
　　　　三　住房制度的改革 ………………………………… （10）
　　　　四　其他相关政策变革 ……………………………… （11）
　　第三节　基本假设和研究方法 ………………………… （12）
　　　　一　基本假设 ………………………………………… （12）
　　　　二　研究方法 ………………………………………… （13）
　　第四节　主要结构安排 ………………………………… （14）

第二章　预防性储蓄相关理论的产生与发展 ………… （17）
　　第一节　早期的消费理论 ……………………………… （17）
　　　　一　绝对收入假说 …………………………………… （18）
　　　　二　相对收入假说 …………………………………… （20）
　　　　三　生命周期假说与持久收入假说 ………………… （21）
　　第二节　随机游走假说 ………………………………… （23）
　　第三节　确定性等价模型 ……………………………… （24）
　　第四节　预防性储蓄理论 ……………………………… （27）

一　利兰德的预防性储蓄思想 ……………………（28）
　　二　扎德斯的预防性储蓄模型 ……………………（28）
　　三　卡贝里罗的预防性储蓄模型 …………………（29）
　　四　卡罗尔的缓冲存货模型 ………………………（30）
　　五　戴南的预防性储蓄动机模型 …………………（32）
　第五节　流动性约束假说 ……………………………（34）
　第六节　本章小结 ……………………………………（35）

第三章　预防性储蓄理论的经验研究 ………………………（37）
　第一节　有关预防性储蓄强度的研究 ………………（38）
　　一　预防性储蓄的动机 ……………………………（38）
　　二　预防性储蓄的重要性 …………………………（40）
　第二节　社会保障、家庭资产与预防性储蓄 ………（41）
　第三节　传统消费理论框架下预防性储蓄的
　　　　　相关研究 ……………………………………（45）
　第四节　国外关于中国储蓄问题的研究 ……………（46）
　第五节　本章小结 ……………………………………（48）

第四章　中国居民家庭预防性储蓄比例的测度 ……………（50）
　第一节　基于缓冲存货模型的测度方法 ……………（52）
　第二节　微观数据的统计分析及关键变量的选择 ……（54）
　　一　微观数据样本的形成 …………………………（54）
　　二　样本描述性统计结果 …………………………（56）
　　三　关键变量的选择及处理 ………………………（57）
　第三节　预防性储蓄比例的模拟测算与分析 ………（65）
　　一　收入不确定性与家庭财富积累 ………………（65）
　　二　预防性储蓄比例的模拟测算 …………………（68）
　第四节　稳健性检验 …………………………………（70）
　第五节　年老户主家庭的缓冲存货行为检验 ………（72）

一　关键变量的选择及处理 …………………………（72）
　　二　年老户主家庭缓冲存货行为的验证
　　　　结果与分析 ………………………………………（77）
　第六节　本章小结……………………………………………（78）

第五章　制度变革下居民家庭预防性储蓄行为及生命
　　　　周期特征分析 …………………………………………（80）
　第一节　制度变革下的家庭预防性储蓄行为 ………………（81）
　第二节　数据描述及关键变量的选择 ………………………（82）
　　一　微观数据样本的形成 …………………………………（82）
　　二　关键变量的选择及说明 ………………………………（82）
　第三节　居民预防性储蓄行为及生命周期特征分析 ………（93）
　　一　各调查年度居民预防性储蓄行为及生命
　　　　周期特征分析 ……………………………………（94）
　　二　六个调查年份估计结果的总结分析 ………………（117）
　第四节　本章小结 …………………………………………（119）

第六章　较短经济周期内城镇居民预防性储蓄行为的
　　　　宏观分析 ……………………………………………（121）
　第一节　基于黏性信息理论的预防性储蓄行为模型 ……（121）
　　一　黏性信息理论在消费经济领域的应用 ……………（121）
　　二　戴南习惯形成模型 …………………………………（124）
　　三　卡罗尔用于度量财富效应时的改进 ………………（126）
　　四　黏性信息下未来各期不确定性的叠加
　　　　效应度量方法 ………………………………（127）
　　五　修正后的收入不确定性指标 $T\pi_t$ 的构建 ……（130）
　第二节　数据描述及变量选择 ……………………………（131）
　　一　季度面板数据及描述性统计 ………………………（131）
　　二　面板估计方程的确立 ………………………………（133）

三　不确定性替代变量的说明 …………………………（133）
　第三节　城镇居民黏性信息参数的估计 ……………………（134）
　　一　平稳性检验 …………………………………………（134）
　　二　黏性系数估计结果与分析 …………………………（135）
　第四节　信息黏性、不确定性对城镇居民储蓄行为的
　　　　　叠加效应估计 ……………………………………（137）
　第五节　本章小结 ……………………………………………（138）

**第七章　较短经济周期内农村居民预防性储蓄行为的
　　　　　宏观分析** ……………………………………………（140）
　第一节　季度面板数据样本及描述性统计 …………………（142）
　第二节　变量选取说明与面板估计方程的确立 ……………（143）
　　一　收入不确定性衡量变量的说明 ……………………（143）
　　二　持久收入衡量变量的说明 …………………………（144）
　　三　面板估计方程的确立 ………………………………（145）
　第三节　农村居民黏性信息参数的估计 ……………………（145）
　第四节　信息黏性、不确定性对农村居民储蓄行为的
　　　　　叠加效应估计 ……………………………………（147）
　第五节　东、中、西部农村地区叠加效应的
　　　　　分别估计 …………………………………………（149）
　第六节　本章小结 ……………………………………………（151）

第八章　结论、政策建议及展望 ……………………………（153）
　第一节　结论 …………………………………………………（153）
　第二节　政策建议 ……………………………………………（155）
　　一　促进收入分配公平，持续增加农村
　　　　家庭收入 …………………………………………（155）
　　二　完善社会保障制度，减少居民支出
　　　　不确定性 …………………………………………（157）

三　增加经济信息透明度，降低居民消费行为的
　　　　跨期依赖性 ………………………………………（160）
　　四　瞄准各区域的主要问题，重视区域间
　　　　均衡发展 …………………………………………（161）
第三节　研究局限与展望 ……………………………………（162）

参考文献 ………………………………………………………（164）

第一章 导论

第一节 问题的提出

自1978年改革开放之后，短短40年时间，我国经济的迅速腾飞、社会的迅速进步均令世界瞩目。从经济总量来看，国内生产总值由改革开放之初的3605.6亿元增长至2017年的827121.7亿元，增长了220多倍；从经济地位来看，位次由改革开放之初的世界第12位逐步上升为2017年的第2位，而占世界经济的比重从1.8%提高到目前的15%；从人均数据来看，人均GDP由1978年的381元上升为2017年的59660元。按世界银行的划分标准，当前我国已成功跨入中等收入阶段。而学术界的理论研究及世界经济发展的实践经验告诉我们，任何一个经济体内部的总需求都是由消费、投资、出口"三驾马车"构成的，这三部分的稳定协调发展是保持一国经济持续增长的关键因素。然而，20世纪末亚洲金融危机过后，投资依赖型及出口依赖型的经济增长模式受到了严峻考验，国内经济出现了一系列问题，包括高能耗产业的产能过剩等。且随着世界经济一体化程度的逐步加深，国际资本市场、金融市场、农产品贸易等的波动给我国经济带来的冲击不容小觑。2008年，由美国的债务危机所引发的全球性金融危机爆发，使得我国的出口贸易再度受到牵连和打击。而随着投资和出口的疲软，能够带来经济持续增长的消费逐渐成为国内经济研究的热点和政策关注点。从全球范围来说，消费在经济发展中的作用往往更具有决定性。换言之，消费的平稳增长是经济健康稳定运行的根本保证，是经济健康协调发展最持久的原动力。

习近平在中国共产党第十九次全国代表大会上的报告指出：我国社会主要矛盾已经转化为人民日益增长的美好生活需要和不平衡不充分的发展之间的矛盾。而解决这一矛盾的核心在于扩大居民消费，从而提升居民福利水平。2016年最终消费支出对我国GDP增长的贡献率达到了64.6%，消费需求在经济增长中的作用日益凸显。然而我国居民消费率仍然处于较低水平，近年一直不足40%，2016年为39.3%，居民消费能力有较大的提升空间和必要性。习近平在中国共产党第十九次全国代表大会上的报告指出：完善促进消费的体制机制，增强消费对经济发展的基础性作用。要求从体制与机制高度解决居民消费不足的问题，同时将推进供给侧改革作为经济工作的主线。

与我国目前居民消费率低下相对立的，就是我国居民储蓄率过高的问题。自20世纪90年代开始，我国的城乡居民储蓄率表现出上扬趋势，城镇居民和农村居民人均储蓄率分别从1978年的9.4%和13.1%逐渐上升为2014年的30.77%和20.02%。截至2014年底，我国城乡居民储蓄存款余额达到48.5万亿元，相当于当年GDP的76.5%。居民家庭的高储蓄率，虽然给我国的经济发展提供了充裕的资金，但在很大程度上抑制了当期消费。

由于国家统计局统计口径变更的原因，我们只找到了2014年及以前的居民储蓄率数据，我们选取了1990—2014年的最终消费率、居民消费率和城乡居民储蓄率的变动趋势，如图1-1所示。从图1-1中可以充分看出，在1990—2014年，我国的最终消费率和居民消费率在2000年以前均是较平稳的状态，而2000年以后开始出现明显的下降趋势，2009年后又有微弱回升。最终消费率由2000年62.29%的较高水平逐渐下降到2009年最低点的47.97%，近几年稍有上升至 2014 年的 51.4%。居民消费率由 2000 年的 46.43% 下降到 2010 年的 34.94% 后，开始缓慢回升。国际上的经验显示，当人均 GDP 达到 1000 美元时的居民消费率在 61% 左右。而 2014 年我国人均 GDP 达到了 7500 美元，居民消费率仅回升至 37.92%，2016 年与 2017 年仍不足 40%。由图中居民消费率与最终消费率的走势可见，居民消费需求的不足是构成中国消费需求不足的重要原因。而与之对应的是目前我国城乡居民的储蓄率却不断攀升。居民储蓄余额相当于 GDP 的份额近几年已达 75% 左右。我国经济呈现出"低消费、高储蓄"的特有现象，因此，储蓄率过高已然成为困扰中国经济增长的一大问题。

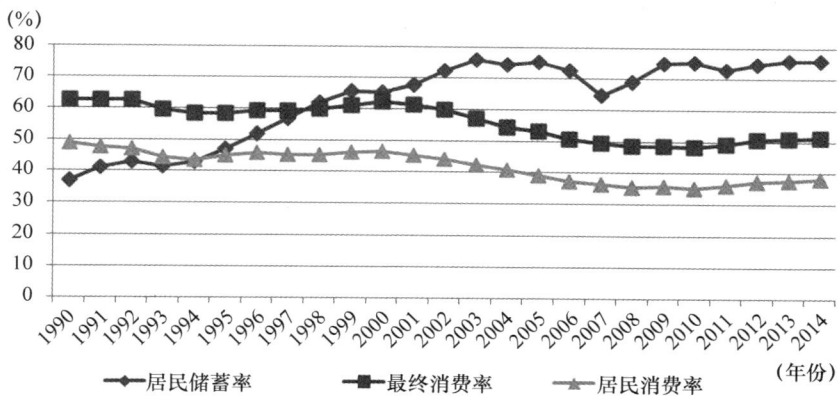

图 1-1 中国 1990—2014 年的最终消费率、居民消费率和城乡居民储蓄率的变动趋势

数据来源：1991—2015 年度《中国统计年鉴》。

面对目前这种"低消费、高储蓄"的经济现象，"十二五规划纲要"明确指出：建立扩大消费需求的长效机制，把扩大消费需求作为扩大内需的战略重点。提出要完善收入分配制度，合理调整国民收入分配格局，着力提高城乡中低收入居民的收入，增强居民消费能力。要增加政府支出用于改善民生和社会事业比重，扩大社会保障制度覆盖面，逐步完善基本公共服务体系，形成良好的居民消费预期。五年过后，"十三五规划纲要"也明确指出：发挥消费对增长的基础作用，着力扩大居民消费，引导消费朝着智能、绿色、健康、安全方向转变，以扩大服务消费为重点带动消费结构升级。无论从经济发展的数据层面，还是从国家指导性方针政策层面来看，消费对经济发展的基础性作用都已然毋庸置疑。

改革开放 40 年来，我国居民收入快速增长，城镇居民人均可支配收入从 1978 年的 343.3 元增长至 2017 年的 36396.12 元。农村居民的人均纯收入从 1978 年的 133 元增长至 2012 年的 7916 元，2017 年的人均可支配收入为 13432.43 元。虽然城乡差距没有缩小，也不容忽视，但仍可以看出城乡居民的收入均经历了大幅增长。然而，为何在我国居民收入快速增长的背景下仍然存在大幅度的延迟消费呢？

众多学者做了大量工作，试图探寻高储蓄率背后的动机。其中大部分研究基于传统的生命周期—持久收入假说（LC - PIH）的理论框架对消费函数进行了探讨和检验，然而根据该理论，在我国收入水平较低、利率较低、经济增长率较高的环境下，理性消费者的决策应更加倾向于借贷和消费，这却与现实情况产生背离。诺贝尔经济学奖得主迪顿（Deaton）在 1991 年指出，传统的 LC - PIH 模型没有重视未来的各种不确定性，因而导致经济主体的行为与标准模型的预测产生偏离。20 世纪 80 年代逐步发展起来的预防性储蓄理论为这一问题的解答提供了新的思路。预防性储蓄理论在考虑消费者生命周期平滑消费的基础上，认为人们面对未来各期进行消费决策时，由于收入的不确定因素影响，会在谨慎的心理状态下进行，从而在一定程度上减少当期消费，增加储蓄。由此，该理论在跨期最优分析框架中引入了不确定性，通过与确定性等价情况下的对比，证明了未来收入存在不确定性时，消费者将多增加一部分储蓄，这个额外增加的、由不确定性引起的储蓄就是预防性储蓄。西方对于预防性储蓄的相关研究主要是收入方面的不确定性，然而在我国信贷市场还不尽完善、各类社会保障制度都尚未充分建立的情况下，居民不仅面临收入不确定性，还面临着支出不确定性，或者说两者的交互、混合作用共同影响着我国居民的谨慎消费行为。而居民对于所面临的不确定性，很自然地会采用预防性储蓄这一自保险手段。预防性储蓄理论将收入不确定性引入跨期最优的分析框架，证明了未来收入越不确定，消费者的行为就越谨慎，储蓄也会更多。我国经济学者也已充分认识到预防性储蓄研究的重要性，并相继展开了一定的研究，形成了一些代表性的观点。这种应用预防性储蓄理论对中国居民高储蓄问题开展的研究，更接近现实情况，在现阶段具有非常重要的理论意义和应用价值。

第二节　制度改革背景

1978年以前，中国城镇居民享受的诸多福利如住房、医疗、养老和幼儿入托等，作为整个国内社会保障体系的组成部分，完全由国家无条件提供。同时，每一个城市居民一般都能在不同的国有单位获得终身就业的机会，并且各个行业之间、地区之间几乎不存在收入差别。而在社会主义市场经济体制建设的过程中，这一具有浓厚计划经济色彩的、全方位的生活保障体制正在逐步被瓦解。改革开放以来，随着经济的飞速发展和社会的进步，我国不断地探索并进行着以制度转轨为核心的经济和社会改革，尤其是房地产改革、社会保障政策的改革以及教育改革。这三大改革的不断推进和深化，使得我国城乡居民的生活面貌均发生了巨大的变化。下面我们将以基本医疗保险制度改革、基本养老保险制度改革、住房制度改革等为切入点，系统梳理我国改革开放以来的制度改革情况。

一 基本医疗保险制度改革

我国启动医疗保险改革十几年来，目前已经建立起以城镇职工基本医疗保险、新型农村合作医疗保险、城镇居民基本医疗保险为主体的基本医疗保险体系，使得绝大多数居民被纳入到社会医疗保障中来。国务院新闻办公室2017年9月发表的《中国健康事业的发展与人权进步》白皮书指出，截至2016年底，全国基本医疗保险参保人数超过13亿人，参保覆盖率稳固在95%以上。医保覆盖面基本实现全覆盖。然而，我国医保改革仍然存在城乡二元结构。很多地方医疗保险城乡分设，新农合归卫生部门管理，城镇医保归人社部门管理。

城镇职工基本医疗保险制度的探索始于1994年的"两江"试点。1998年底，国务院下发《关于建立城镇职工基本医疗保险制度的决定》，开始全面推进城镇职工医疗保险制度改革。城镇职工医疗保险改革意在解决从业人员、退休人员及其单位的医疗难题，解决原公费医疗制度的弊端，构建了一个独立于单位、社会化管理的医疗保障体系。费用由用人单位和职工个人双方共同缴纳，不享受政府补贴，设立最低缴费年限。截至2013年末，参保人数达到2.74亿人，2016年末达到2.95亿人。这项改革形成了国家基本医疗保险制度的雏形，为进一步探索城镇从业人员之外的其他人群的医疗保障办法提供了基础。

新型农村合作医疗是以大病统筹为主的农民医疗互助制度，于2002年提出，2003年展开试点，2009年确立，2010年实现了基本覆盖。农民自愿参加，筹资方式为个人、集体和政府多方筹资。近年来，各地各级财政对新农合的人均补助标准在不断提升，截至2012年末，全国共有2556个县级行政区实施了新农合，参合人口数达到了8亿人。2017年，新型农村合作医疗门诊和住院费用的报销比例分别稳定在50%和70%左右。

为实现基本建立覆盖城乡全体居民包括城镇无业居民、学龄儿童等的目标，国务院于2007年发布了第20号文件《关于开展城镇居民基本医疗保险试点的指导意见》，决定从当年起即开展试点，试点选择了79个城市，2008年增加到229个，并于2009年全面推行。该保险是以城镇居民中的未成年人和非从业人员为主要参保对象，缴费标准总体上低于城镇职工医保，主要由个人缴纳，政府适当补贴，不设最低缴费年限，不缴费不享受待遇。截至2013年末，参保居民人数达到2.96亿人，截至2016年末，参保人数达到4.49亿人。城镇居民医疗保险由于缴费标准较低，因此相对于城镇职工医疗保险，城镇居民医疗保险重点保障针对居民的大病医疗，用于参保居民的住院或门诊大病的医疗支出。

随着医疗保障水平不断增强，城乡居民大病保障机制也逐步完善。2016年，城乡居民大病保险覆盖城乡居民超过10亿人。农村贫困人口医疗保障水平逐步提高。如组织对患有大病和慢性病的农村贫困人口进行分类救治，截至2017年5月，全国已分类救治贫困患者260多万人，有效地减少了居民家庭因病返贫、因病致贫情况的发生。

我们再从微观家庭的角度分析医疗保险的改革脉络。表1-1是中国健康与营养调查（CHNS）1997—2011六个调查年度的全样本参加医保情况统计。结合我国各项医疗保险改革推行的时间可以看出，参加医保总人数1997—2004年一直稳定在3000余人，占总样本的比例一直在两成多，这部分医保应该以商业保险、公费医疗为主，城镇职工医疗保险占比并不高。从2006年开始，随着城职保的深入推进，以及新农合试点的增加和推行，参保总人数开始逐年大幅度递增。2009年度开始有了城镇居民基本医疗保险的统计，到2011调查年度，参加医疗保险的总人数已经占到了样本数的93.66%。其中城职保、城居保、新农合三大基本医疗保险参保人数占到了总参保人数的94.07%。从1997年的23.26%到2011年的93.66%，比例的大幅增加反映了我国居民基本医疗保险制度改革的巨大成果，以三大险为主体的基本医疗保障体系已经基本实现城镇从业人员、退休人员、未成年人、无业人员、农村居民的全覆盖。

表1-1　　　各调查年度CHNS参加医疗保险情况统计

调查年度	参加医保总人数	参加各种商业保险人数	公费医疗人数	城镇职工医疗保险人数	城镇居民医疗保险人数	新农合人数	全样本人数
1997	3311	—	1145	—	—	—	14236
2000	3031	1710	1091	—	—	—	15151
2004	3162	457	780	—	—	897	12120
2006	5575	413	398	—	—	3231	11742
2009	10647	487	398	1851	1244	6862	11930
2011	14648	826	493	3410	2645	7724	15639

二　基本养老保险制度改革

目前，我国的基本养老保险制度也基本实现了全覆盖。由城镇职工基本养老保险和城乡居民社会养老保险两个主体部分组成。20世纪80年代我国各地展开了养老保险制度改革，90年代初期时，一些城市就已经建立了地区性统一的强制性社会养老基金，由企业和员工双方交费，使得养老保障制度逐渐划分为强制性基础体系和自愿性商业体系两部分。在自愿性商业体系中，员工和企业可以自愿地购买退休保险，然而地区间的差异较为显著。到1997年，国务院《关于建立统一的企业职工基本养老保险制度的决定》颁布，启动了养老保险制度新一轮的改革，开始建立全国统一的企业职工养老保险制度，覆盖了城镇各类企业的职工。城镇职工基本养老保险属于强制性的义务，由企业和个人共同缴纳，缴费比例和支付标准均有明确规定。经过多年的推进，城镇职工养老保险的参保职工已经由1997年末的8671万人增加到2013年末的3.2亿人。

2013—2017年全国城镇职工基本养老保险参保人数持续增长，2017年末参保人数首次突破4亿人，同比增长6.2%，相比2013年的3.2亿参保人数五年间增加了7987万人，进一步扩大覆盖范围。

为了实现覆盖城乡全体居民的养老保险制度目标，2009年9月，国务院印发《关于开展新型农村社会养老保险制度试点的指导意见》，启动了新型农村社会养老保险制度。部分地区在新型农村社会养老保险制度的基础上，打破了城乡二元化界限，建立起全覆盖的统一的城乡居民社会养老保险制度。不同于职工养老保险，城乡居民养老保险自由参保，由个人和政府共同缴纳，缴费标准也有弹性得多。随着政府的引导和政策的深入，城乡居民社会养老保险的参保人数也由2010年的1.03亿人增长到2017年的5.1亿人，基金收入3288亿元，支出2398.7亿元。

2015年初，国务院颁布《关于机关事业单位工作人员养老保险制度改革的决定》，决定对机关事业单位养老金制度进行改革，逐步实现与社会养老保险制度并轨。

我们仍然试图使用中国健康与营养调查（CHNS）的数据体现微观居民家庭的参保情况。但CHNS中缺乏养老保险覆盖情况的调查，只有相关退休金的统计数据。表1-2是CHNS中各年度家庭收入中有退休金的家庭数，虽然没有整体反映出样本中养老保险的覆盖情况，但也可以看到家庭收入中有退休金的家庭比例的上升趋势，在一定程度上也体现了养老保险的受益人群在不断扩大。

表1-2　　各调查年度CHNS家庭收入含退休金的情况统计

调查年度	有退休金的家庭数	样本家庭数	占比（%）
1997	554	3838	14.43
2000	694	4315	16.08
2004	975	4339	22.47

续表

调查年度	有退休金的家庭数	样本家庭数	占比（%）
2006	884	4374	20.21
2009	967	4440	21.78
2011	1579	5812	27.17

三 住房制度的改革

我国的住房制度改革由来已久。住房改革是从提高正式租金开始的，然后进入到允许政府住房的占有者以一个补贴价格购买住房，最后过渡到完全开放的住房市场。为了实现公有住房的自有化和住房商品化的目标，1988年国务院推出《关于在全国城镇分期分批推行住房制度改革的实施方案》，实施提租补贴、租售结合。此后住房改革的推进和落实虽然大大提高了住房自有率，然而，低价售房的现象仍然存在。真正令我国城镇住房制度发生根本性转变的是1998年7月，国务院发布《关于进一步深化城镇住房制度改革加快住房建设的通知》，宣布从当年下半年开始全国终止实物住房的分配，实行住房分配货币化，并提出建立和完善以经济适用房为主的多层次城镇住房供应体系。但是住房货币化改革的执行过程却出现了失控现象，经济适用房也并没有成为供应的主渠道。在一系列情况下，住房价格开始逐渐攀升。2003年开始，中央加大了对房地产市场的调控力度。表1-3是1998年以来我国商品房的平均销售价格，从中可以看出我国商品房的价格在1998—2003年一直是比较稳定的，有增长趋势，但是增长幅度较小。2004年后开始大幅度攀升。住房价值的增长给居民家庭消费行为带来的效应有两种，分别为正向的财富效应和负向的挤出效应。当房价的攀升带来家庭财富的净增长，进而引起消费增长，这是财富效应；当房价的攀升使得居民不得不增加储蓄来获得新房产时，就产生了对消费的挤出效应。两种效应的受众群体往往不同，前者主要针对有房群体,而后者则针对无房者或改善住房群体。其总效应为两种分解效应的和,总效应的符号决定了两种效应孰大孰小。

表1-3　　　　　1998—2016年我国的商品房平均销售价格

单位:元/平方米

年份	商品房平均销售价格	年份	商品房平均销售价格
1998	2063	2008	3800
1999	2053	2009	4681
2000	2112	2010	5032
2001	2170	2011	5357
2002	2250	2012	5791
2003	2359	2013	6237
2004	2778	2014	6324
2005	3168	2015	6793
2006	3367	2016	7476
2007	3864		

数据来源:《中国统计年鉴2017》。

四　其他相关政策变革

(一)下岗制度

20世纪90年代中后期,对于新的劳动力市场进入者而言,终生的就业(俗称"铁饭碗")已逐渐消失。一个新的市场劳动力进入者在国有部门主要通过固定或连续性合同受雇。为了激活国有经济,一系列持续不断的改革措施在国有企业得到推行,而作为这项政策的实施结果,许多中小型的国有企业破产,未破产者也重视采取减员增效的手段来改善经营。因此,伴随着市场经济的深入、国有企业的改革和劳动生产率的提高,下岗职工问题作为一种社会现象开始进入大众视野。下岗是指职工因企业破产或裁减人员等原因失去工作岗位,但未与原企业解除劳动关系。1998—2000年,我国国企下岗职工共有 2137 万人。从地域上看，这些下岗职工主要来源于东北老工业基地和中西部地区，其中黑龙江、吉林、辽宁三省占到了四分之一；从行业上看，主要集中在纺织、机械、煤炭等劳动密集型行业。下岗现象虽然是在我国改革和发展的进程中不可避免的，但对于微观家庭却带来了极大的收入不确定性。国家对于下岗职工给予了众多优惠政策，包括下岗职工从事个体经营的实施税收减免、信贷优惠等，以及各地积极开展的再就业计划和创业引导。

（二）高等教育收费制度改革

1993 年 2 月，为解决我国高等教育规模受国家财政收入约束的现状，达到扩大招生规模的目的，国务院印发《中国教育改革和发展纲要》，从行政立法上确立了大学收费制度，1994 年开始在北京大学、清华大学等 40 所高校收费，1997 年全国所有高校除部分特殊行业外，全面实行收费制度，以弥补高校运转资金的缺口。高等教育改革导致了家庭教育支出大幅上升，改变了家庭教育支出的预期，增强了家庭的预防性储蓄动机，进而成为影响居民消费水平上升的因素之一。

第三节　基本假设和研究方法

一　基本假设

基于我们对于问题提出背景及制度背景的分析，我们根据已有的研究成果和对消费行为特征的把握，给出以下基本前提假设：（1）居民是风险厌恶的，而非风险偏好或风险中性。他们总是最大可能地回避风险，进而采取一系列相关避险行为。（2）居民在整个生命周期内，均会面临各种形式的不确定性因素的冲击，以收入不确定性和支出不确定性为重点。（3）消费的平滑性，即只要有足够的收入和财富，居民就会倾向于做出长远打算，并基于整个生命周期做出跨期消费决策，安排自己的支出。（4）居民无论储蓄还是消费，都是主动的、自发的自愿行为，不存在强迫性。

（5）居民的预算严格受到财富存量和当期收入的约束，他们是理性的，所做出的行为也均为理性行为，即追求自身利益最大化。

（6）暂时不考虑消费信贷因素，即居民应付未来各期的收入及支出缺口的办法就是增加当期储蓄。

我们后面的分析均是基于上述基本假设前提而做出的。当然，也应该考虑到，我国农村居民的消费行为与城镇居民有着很大的不同。从收入的稳定性及社会保障的保障程度来看，农村居民受到的不确定性影响要更大更深，这些因素导致农村居民的预防性储蓄动机也会更大。

二　研究方法

本书主要的研究方法是理论分析与实证分析相结合。

（一）理论分析方法。居民的消费和储蓄行为长期以来一直是学者们研究和关注的对象，在分析了消费理论的产生和发展后，我们选取了更加贴近中国现实的缓冲存货模型作为微观分析的框架，加入家庭规模、少儿抚养率、家庭健康状况、医疗保险及户主人口统计学变量等因素，构建了研究不确定性下居民家庭储蓄行为的模型。宏观分析基于黏性预期和习惯形成理论，将期望效用最大化作为理性消费者的行为目标，进而推导了消费习惯下消费行为跨期依赖的模型作为基础，进一步建立了考察较短经济周期内黏性不确定性下消费行为的理论模型。

（二）实证分析方法。实证分析在本书第四至第七章的研究中处于非常重要的地位。鉴于相关文献经验分析中的相异结论，本书基于以上建立的理论模型，采用了面板工具变量、同时处理组内自相关与组间截面相关的FGLS等计量经济学方法，分别使用微观家庭追踪调查数据CHNS和季度省际面板数据，从微观和宏观两个层面一一做出了实证检验。

第四节　主要结构安排

本书对于不确定性、预防性储蓄的研究主要是围绕缓冲存货模型展开的，目的是解决三大核心问题。一是预防性储蓄的重要性，即家庭财富中有多大比例是由不确定性引起的，或者说预防性储蓄在多大比例上解释了家庭财富的积累；二是伴随着医疗保险改革的深入和推进，不同时期家庭储蓄行为存在着怎样的差异性，同时体现了怎样的生命周期特征；三是在黏性信息下，消费行为存在跨期依赖时，当期消费和储蓄行为应该是受到未来多期不确定性的共同影响，那么将未来各时期不确定性进行累计加总后，会在多大程度上影响居民的消费和储蓄。这三大问题是微观层面和宏观层面的结合，也是家庭年度追踪数据和人均省际季度面板数据之间的有益补充，并最终得出发挥消费基础性作用的政策建议。

除第一章导论外，本书研究的主要结构安排如下：

第二章，预防性储蓄相关理论的产生和发展。首先是以绝对收入假说、相对收入假说、生命周期与持久收入假说为主，总结了早期的消费理论；之后概括了引入不确定性后的消费函数理论，包括随机游走假说、预防性储蓄理论及流动性约束假说，其中重点回顾和总结了预防性储蓄理论的产生、发展中的代表人物及其观点。

第三章，预防性储蓄理论的经验研究。包括有关预防性储蓄强度的研究、预防性储蓄理论在国内外的验证与应用；黏性信息部分因与后文有着严密的逻辑关系，有关黏性信息的相关研究综述放于第六章。

第四章，我国居民家庭预防性储蓄比例的测度。这部分将在缓冲存货模型的框架下，采用家庭财富与持久收入、不确定性之间的经验关系模型,使用中国健康与营养调查1997—2011年六个调查年度的跟踪数据,首先对家庭财富积累与不确定性之间的相关关系做出估计,之后根据系数估计值,对不确定性进行模拟设定,得出不同不确定性强度下所对应的家庭财富值,进而从预防性储蓄的源头出发,计算单由不确定性引起的那一部分家庭财富在总体财富中的占比。并在得出总体估算后,继续分城乡进行了测算。

第五章,制度变革下居民家庭预防性储蓄行为及生命周期特征分析。第四章是对1997—2011年居民家庭预防性储蓄比例的整体测度,而第五章继续使用相同样本数据,依次分析制度变革下六个调查年度预防性储蓄行为的差异性,以及医疗保险的推行效果。样本期间,家庭户主的平均年龄也从1997年的30.62岁增长到2011年的44.62岁,因此我们也可以洞察家庭储蓄行为的生命周期特征。

第六章,较短经济周期内城镇居民预防性储蓄行为的宏观分析。以上两章分别使用了非连续性的居民微观调查数据,囿于数据限制从而无法对居民储蓄行为的跨期依赖性做出分析,因此本章使用了2000—2012年的省际季度面板数据,探析了更短的经济周期内存在跨期依赖时的消费储蓄行为。即,当期消费和储蓄行为不只是受到当期和下一期不确定性的影响,而应该是受到未来多期不确定性的共同影响,第六章将未来各时期不确定性进行累计加总后对储蓄和消费行为进行了分析。

第七章,较短经济周期内农村居民预防性储蓄行为的宏观分析。我国农村短期内存在非常明显的信息滞后特征与更高的信息更新成本。在考虑持久收入与城镇居民消费观念影响的基础上,第七章分析了黏性信息、收入不确定性的叠加效应对于农村居民季度消费储蓄行为的影响。采用31省市2013—2016年季度面板数据估计得出了农村信息黏性参数,考察了农村居民短期消费行为的高度路径依赖特征。同时对收入不确定性的短期衡量指标进行了修正,从而构建不确定性、黏性信息叠加效应的变量，并对东、中、西部三个区域分别进行了研究。

第八章，结论、政策建议及展望。第八章总结了全书得出的主要结论，以及根据结论提出的政策建议，并对全书研究局限做出了说明和总结，对可以进一步拓展之处做出展望。

第二章 预防性储蓄相关理论的产生与发展

消费是人类活动的一个关键点，因此西方经济理论中有关消费的争论一直存在着。从 15 世纪重商主义倡导节俭，到古典经济学家们关于生产和消费的争论，再到边际学派使用边际效用价值论解决了"钻石与水的悖论"，消费在西方经济学界的地位逐渐受到重视。后来以马歇尔（Marshall）为代表的新古典主义提出了需求弹性、消费者剩余等一系列重要概念，奠定了消费者行为研究的重要基础。到了 20 世纪 30 年代，以凯恩斯（Keynes）为代表的现代消费理论兴起，出现了绝对收入假说、相对收入假说及生命周期假说、持久收入假说。在此之后的一段时间内，生命周期—持久收入假说（LC - PIH）作为确定性等价下的经典模型，成为居民消费及储蓄领域的主要研究框架，直至后来不确定性因素被引入模型并逐步应用，西方经济学界中有关消费的争论仍在持续着。下面我们以不确定性是否被引入消费模型为界，对 20 世纪 30 年代以来的现代消费理论的产生和发展做一个回顾和梳理。

第一节 早期的消费理论

20 世纪 30 年代，世界性的经济危机爆发，凯恩斯在《就业、利息和货币通论》一书中提出了绝对收入假说，强调了消费支出与现期收入的关系，并认为边际消费倾向是递减的。库兹涅茨（Kuznets）发现居民消费倾向并非如凯恩斯所说的那样，随收入增加而递减，从长期看，居民的消费倾向是稳定的。1949年，杜森贝里（Duesenberry）在其著作《收入、储蓄和消费者行为理论》中提出了相对收入假说，认为决定消费水平的不是当期的绝对收入，其消费会受到以往消费水平的影响，消费过程中存在棘轮效应和示范效应。莫迪利安尼（Modigliani）等人提出的生命周期假说认为，消费既不是绝对收入的函数，也不单单是由相对收入决定的，每个消费者都是根据整个生命周期内的全部预期收入来安排自己的当期消费支出，平滑一生的消费，进而实现一生消费效用最大化的。莫迪利安尼的生命周期假说不仅强调了收入水平，也强调了家庭资产和生命周期阶段在消费中的重要性，从而相对于前两种假说，较有力地解释了消费短期波动却长期稳定的原因，财富的引入也解释了不同阶层家庭消费行为的差异，并侧重分析了储蓄动机，对于宏观领域的影响也是深远的。持久收入假说与之有着很大的相似性，因此学者们往往将两者结合进行分析，称为生命周期—持久收入假说。该假说综合了两者的部分观点，认为影响消费的主要是消费者拥有的财富和持久收入，而理性的消费者会根据跨期选择的最优原则，将一生中的收入及消费平滑分配，以达到整个生命周期中的效用最大化。然而这些均限于确定性的假设，没有真正考虑到不确定性预期。我们的介绍首先从凯恩斯和杜森贝里的贡献开始，因为他们的理论突出强调了收入对储蓄的决定性影响，从而为后续的研究奠定了基础。

一　绝对收入假说

20世纪30年代，世界性的经济危机爆发，凯恩斯在《就业、利息和货币通论》一书中提出了消费和储蓄理论，一般被称为绝对收入假说，以解释有效需求不足的问题。与新古典经济学中微观视野的消费者效用理论的分析框架截然不同，凯恩斯创造性地将可支配收入引入消费的分析，从宏观经济学视角将两者联系起来。认为消费和收入之间有相对稳定的函数关系，居民的当期消费水平取决于当期的绝对收入水平，即：

$$C_t = \alpha + \beta Y_t \qquad (2-1)$$

式中：C_t 为当期消费；α 为刚性的基本消费，也称作自发性消费；β 为边际消费倾向（在解释消费和收入之间关系的形式时，凯恩斯引入一个基本的心理法则，假定 $0 < \beta < 1$，即消费增量在收入增量中所占的比例是递减的，这就是所谓的边际消费倾向递减规律），Y_t 为当期的绝对收入，两者的乘积构成了引致消费。该公式的思想为居民当期消费为自发性消费与引致消费之和。

凯恩斯认为，居民的消费主要受三大因素影响：所得数量、客观因素、主观因素。所得数量指的是所得的收入；客观因素包括收入预期、工资变动、时间贴现率等一系列影响消费行为的宏观因素；主观因素包括人的一部分心理动机，如谨慎、贪婪、享受、炫耀等。由于短期内，客观因素及主观因素变动不会太大，并且多因素间不同方向的变动可能存在抵消作用，因此这两大因素可以忽略不计。短期内对于消费水平影响最大的就是收入水平（更严格地说，是可支配收入水平），即消费是收入的函数。

由于边际消费倾向是递减的，那么平均消费倾向也是递减的，即低收入者有较高的平均消费倾向，而高收入者有较低的平均消费倾向。这也预示了收入分配的重要性，因为收入分配的均衡程度决定了整个社会平均消费倾向的水平。

绝对收入假说强调了消费支出与现期收入的关系，并认为边际消费倾向是递减的，导致经济萧条的直接原因是消费不足，因此提倡政府应采取鼓励消费的政策来干预经济。这在经济萧条期确实起到了一定的作用，然而，绝对收入假说限于分析短期消费与收入之间的关系，且对大萧条之后经济状况的预测也出现了偏差。凯恩斯同时指出，作为一个原则，收入中被储蓄起来的部分倾向于随收入的增加而增加。如果给定收入水平和影响消费倾向的客观因素不变，影响储蓄量的就只是一些主观的、社会的心理动机，这些动机在短期内又是不变的。所以凯恩斯的结论是，短期内储蓄量的改变主要是因为收入水平的改变，而不是给定收入水平下储蓄倾向的改变。凯恩斯的理论在很大程度上指引了后来消费和储蓄函数研究的发展方向。

二 相对收入假说

库兹涅茨发现居民消费倾向并非如凯恩斯所说的那样，随收入增加而递减，从长期来看，居民的消费倾向是稳定的，这就是所谓的"库兹涅茨悖论"。针对绝对收入假说的局限，后来的经济学家相继进行了补充与发展。1949年，杜森贝里在其著作《收入、储蓄和消费者行为理论》中提出了相对收入假说，试图把社会心理引入消费理论，来修正凯恩斯的绝对收入假说。杜森贝里认为，决定消费水平的不是当期的绝对收入，其消费会受到以往消费水平的影响，消费过程中存在示范效应和棘轮效应。示范效应是指居民消费受到相关群体消费和收入的影响；棘轮效应是指当收入增加时，消费会随之增加，但收入减少时，消费却不可能出现明显的减少，即消费者的消费受到自己过去消费和收入水平的影响，或者说消费的下降存在着一个棘轮式的阻滞。杜森贝里从消费者行为的分析入手，提出了持久消费与持久收入间的函数方程：

$$C_t = (k-b)Y^* + bY_t \qquad (2-2)$$

式中：C_t 为持久消费水平；Y_t 为持久收入水平，Y^* 为 t 期之前的最高收入水平，可以理解为所谓的相对收入；k 为长期的边际消费倾向，b 为短期的边际消费倾向。

杜森贝里的相对收入假说相对于绝对收入假说有一定的进步，虽然没有脱离凯恩斯的理论框架，但他提供了一种重要的考虑问题的新角度，即收入在消费和储蓄之间的分配依赖于个体的相对收入而非绝对收入，从而极大地拓展了研究思路，但还是不能严格地解释"库兹涅茨悖论"。

三 生命周期假说与持久收入假说

该理论在新古典经济学消费者效用最大化的理论基础上，创造性地引入了储蓄行为的生命周期动机，以跨时最优化消费模型作为基本的分析框架，重建了宏观经济学的微观基础。其原始模型来自莫迪利安尼与弗里德曼（Friedman）的理论分析，认为消费者不是"后顾"的，而是"前瞻"的，分别在确定性等价的跨期选择模型框架下提出了生命周期假说与持久收入假说。

莫迪利安尼等人提出的生命周期假说认为，假设工作期间的收入保持不变，没有不确定性因素，个人开始时没有财富且最后也没有遗产，在这种情况下，人们为了按照其所愿意的方式消费终身收入而进行储蓄和负储蓄，他们通常在工作期间储蓄，然后将这些储蓄用于退休期的支出。该理论认为消费既不是绝对收入的函数，也不单单是相对收入决定的，每个消费者都是根据整个生命周期内的全部预期收入来安排自己的当期消费支出，平滑一生的消费，进而实现一生消费效用最大化的。若暂时性的收入不足以应付支出，那么这时消费信贷可以将后续各期的收入前移；反之，则可以通过储蓄将多余的收入后移，即人们在其收入高于终身平均收入时储蓄较多，而在其收入低于终身平均收入时进行负储蓄，这样就能够将生命周期各阶段的消费平均化，实现消费的平滑。其消费函数如下：

$$C_t = a[A_t + Y_t + (N-t)Y'] \qquad (2-3)$$

式中：C_t 是当期消费；A_t 为当期财富；Y_t 为当期收入水平；$(N-t)$ 为工作年限；Y' 为平均年预期收入；a 为比例系数。可以看出，当期消费的大小取决于当前财富与生命周期内收入的预期。消费者在其拥有的总资源约束下追求一生消费的平滑，根据一生的全部预期收入来安排消费和储蓄，以达到整个生命周期内的消费效用最大化。

莫迪利安尼的生命周期假说强调了收入、财富和年龄分布在消费中的重要性，解释了短期消费波动、长期消费稳定的原因，财富的引入也解释了不同阶层家庭消费行为的差异，并侧重分析了储蓄动机，对于宏观领域的影响也是深远的。但由于没有引入不确定性的问题，因而降低了该理论的解释效果。

1957年，货币主义学派的代表人物弗里德曼提出了持久收入假说，认为居民消费支出不是取决于当期收入，而是主要取决于其持久收入（也称为永久收入或恒久收入）。持久收入可以理解为消费者能够预计的比较固定的长期收入，弗里德曼用连续多期收入的均值来表示，其消费函数为：

$$C = kY_p \qquad (2-4)$$

式中：C为持久消费；Y为持久收入；k为长期边际消费倾向。从消费函数可以看出，当消费者短期内收入增加时，消费者不能完全预期到收入的增加会一直持续下去，因此不会立即增加当期消费；反之，收入减少时也不会立即减少消费。只有当消费者能够判断收入变动是持久的，其消费才会与新的收入水平对应起来。按照持久收入假说，凯恩斯的当期收入与当期消费之间并不存在稳定的关系。持久收入假说已经被大量的有关消费行为的调查数据验证，且无论在定量还是定性方面，都没有出现严重偏差。

生命周期假说和持久收入假说有着很大的相似性，如二者都假设消费者是"前瞻"的，即消费不只是同当期收入相关，而以一生的或持久的收入作为消费决策的依据；再如二者均认为暂时性的收入变化不会引起太大的消费支出变动等。因此，学者们往往将两者结合起来进行分析，称为生命周期—持久收入假说（LC-PIH）。该假说综合了两者的部分观点，认为影响消费的主要是消费者拥有的财富和持久收入，而理性的消费者会根据跨期选择的原则，将一生中的收入及消费平均分配，以达到生命周期中消费效用最大化。

虽然生命周期和持久收入两种理论本质上是一致的，但它们强调的问题仍然有所区别。持久收入假说把消费同持久收入流联系起来，消费者通常被认为是寿命无限长的个体，家庭中两代人之间通过有效转让财富而联系起来，储蓄是为了让现在与未来消费的边际效用等于隐含在市场上的利率的边际转换率。从这方面看，储蓄是出于遗赠的动机。相反，严格的生命周期假说让个人把他们的所有禀赋在一生中全部消费掉，储蓄的出现被认为是年轻工作者多且富有，而年老动用储蓄者少且收入也少。在莫迪利安尼的模型中，储蓄的生命周期动机得到了充分的体现。然而这些均限于确定性的假设，没有真正考虑到不确定性预期。后来的实证研究表明，消费者生命周期的财富呈现明显的驼峰状，但随着年龄的增加，财富的下降要比莫迪利安尼预测的慢。这表明对消费者遗产动机和不确定性的忽略，降低了该理论的解释效果。与莫迪利安尼不同的是，弗里德曼（1957）曾明确表示消费者积累财富的目的之一便是预防未来收入难以预料的下降，即考虑到了消费者的预防性动机，且更为强调个人的遗产动机。但是，由于他把研究重点放在区分持久收入和暂时性收入以及持久收入的估算问题，而非消费者的储蓄动机和行为特征上，所以不确定性因素并未真正纳入其理论模型。

第二节 随机游走假说

1975年以后，西方消费函数理论将不确定性、收入风险等纳入进来，结合理性预期学派的研究成果，逐渐形成了不确定性条件下的消费函数理论群。代表性的有随机游走假说、预防性储蓄理论、流动性约束理论等。

1978年，霍尔（Hall）在《生命周期—持久收入假说的随机解释：理论和证据》一文中，以 LC - PIH 和理性预期为基础，通过将不确定性引入消费函数，提出了随机游走假说，消费理论进入新的发展阶段。霍尔认为，过去的消费与收入的信息，对当期消费的变化不会有任何影响。也就是说，最优消费者行为的人群，已经将当期所有可能得到的有价值信息都反映在了当期消费中，则在时间 t，能预测下期消费 C_{t+1} 的变量只有 C_t。随机游走假说的消费函数模型为：

$$C_t = C_{t-1} + e_t \qquad (2-5)$$

式中：e_t 是一个白噪声。从上式可以看出各期的消费量服从随机游走过程，而当期的消费只与前一期消费有关，从而推翻了生命周期假说中，消费与收入、财富等其他因素的相关性。因此，由随机游走模型的性质可知，服从随机游走模型的消费变化是不可预测的。

然而，由于霍尔的随机游走假说与关于消费和储蓄的传统观点严重背离，后来许多的经验研究结论却明显不符合随机游走假说。同时，由于效用函数依然被假设为二次型，所以在这个模型中，不确定性并没有对储蓄行为产生实际影响，也无法解释继而出现的"过度敏感性"和"过度平滑性"现象，从而引发了后续大量相关经验假说，其中以预防性储蓄假说和流动性约束假说为代表。

第三节 确定性等价模型

在财务理论中，确定性等价（CEQ）是指在完美的和完全的资本市场中，有风险的未来收益可以转化为现值。消费经济理论中将这一实质精髓引入，同时纳入了莫迪利安尼和布伦伯格（Brumberg），以及弗里德曼的模型，进一步引入了跨时分配和遗产动机，从而成为了更具有一般性的、较为现代的生命周期储蓄函数。这一现代观点的核心原则是消费者力图使支出的边际效用在时间序列中保持一致，支出的边际效应和支出本身单调相关，从而使消费平滑化。

确定性等价模型的假设条件有：消费者的效用具有跨时可加性，所面对的资本市场是完善的；消费者可以形成理性预期，效用函数是二次型的。这些假设条件涵盖了生命周期、跨时分配和遗产三类储蓄动机。在此基础上，考虑一个生存多期的消费者标准决策的问题，假设在 t 时刻实现效用最大化，则：

$$E_t\left[\sum_{i=0}^{T-t}(1+\delta)^{-i}U(C_{t+i})\right]$$
$$st.\ A_{t+i+1}=(1+r_t)A_{t+i}+Y_{t+i}-C_{t+i} \quad (2-6)$$
$$A_{T+1}\geqslant 0$$

式中：A_t 代表消费者 t 期初的财产值；Y_t 代表 t 期的劳动收入；r_t 代表 t 期到 $t+1$ 期的真实利率；E_t 条件期望代表在所有可用信息下对未来的预期；δ 为贴现因子；U 代表消费者每一期的效用函数；T 是消费者非随机的生存时期。唯一的不确定性因素是劳动收入，它是随机的，且不能被保险。在随机收入和二次型效用函数的前提下，解的形式是：

$$C_{CEQ,t}=k_{T-t+1}(A_t+H_t)$$
$$k_{T-t+1}=\left(\frac{r}{1+r}\right)\frac{1}{1-(1/(1+r))^{T-t+1}}, \quad (2-7)$$
$$H_t=E_t\sum_{i=0}^{T-t}(1+r)^{-i}Y_{t+i}$$

这个解就是通常所称的确定性等价解。消费是初始财富和预期未来收入现值的线性函数，收入的时间分布并不起作用，这个函数的斜率是常数比例 k，即消费对总财富的边际消费倾向，它表示消费者 t 期少消费 1 单位收入，在今后各期所能获得的报酬。如果利率为 0，那么这个最大化问题的解可以简化为：

$$C_{CEQ,t}=\frac{1}{T-t+1}\left(A_t+E_t\sum_{i=0}^{T-t}Y_{t+i}\right) \quad (2-8)$$

此时，k 是消费者 t 期时所剩余的生命期数的倒数。对所有的 $i = 1, 2, \cdots, T - t$，二次型效用函数的一阶条件是 $E_t(C_{t+i}) = C_t$，即预期的消费在整个生命周期内是常数。

从上述公式推导中，我们可以看出确定性等价模型的主要理论特征：一是消费生命周期路径的形状独立于预期收入路径的形状，任何一个时期的消费（储蓄）率并不取决于当期收入，而是此后整个生命周期财富的一个比例，储蓄倾向决定于效用函数的具体形式和利息率，但与总财富无关；二是当期收入和未来预期收入的边际消费倾向是相同的，即预期的未来收入和消费者的现期财产是同质的；三是未来收入的边际消费倾向独立于该收入的风险程度，即不同风险的未来收入流，只要它们的中值相同，对消费者来说就是无差异的；四是老年人将试图消费掉其所有资产，即消费者到了退休年龄将进行负储蓄行为；五是预期到的收入变化对消费没有影响；六是消费的改变与过去的信息互不相关。

尽管 CEQ 模型较易于处理，但由于它要求的条件非常严格，因而常常与事实不符。现有文献中公认的三个经验困惑是：（1）现期消费对收入新增部分的过度敏感性。按 CEQ 模型的预测，现期消费应当是暂时收入的一个比例 K，但实际经验证据表明消费对暂时收入的 MPC 几乎接近于 1。（2）面对很低的无风险利率时的消费高增长。对于任何一个消费的确定性模型，若利率低于时间偏好率，消费增长率就应该是负的，但事实并非如此。（3）老年人的非负储蓄行为。实证检验证据表明，老年家庭的财富在退休期间并没有像 CEQ 模型预言的那样减少。

面对经验现实提出的挑战，理论上的做法是放松一个或多个假设条件，得到其他一些较少限制的替代性模型。特别需要指出的是，尽管二次型效用假设是得出确定性等价解的关键条件，但二次型的效用函数并不是描述面对风险的消费者行为的最优方式，因为它隐含着递增的绝对风险厌恶，即当消费者变得更富有时，为避免一个给定的赌局宁愿放弃更多的金钱；同时未来收入不确定性的存在并未对消费或储蓄真正造成冲击。二次型效用函数的这些问题表明随着消费上升，边际效用下降得太慢，从而预示着效用函数的三阶导数可能为正，而不是 0。所以进一步研究的主线就是舍弃这一假设，代之以指数化和等弹性的效用函数，如常绝对风险规避效用函数（CARA）和常相对风险规避效用函数（CRRA）效用函数。虽然这类做法在面对有风险的劳动收入时，都不能得到确定性等价解，但却隐含着不确定性对储蓄行为的系统性影响。事实上，过去 20 多年来的大量理论研究重点都放在了非二次型效用模型上。

第四节　预防性储蓄理论

预防性储蓄（Precautionary Savings）是指风险厌恶型消费者在面临未来不确定性时，为了保持未来消费的平滑性，从而进行的储蓄。费舍尔（Fisher）、弗里德曼和利兰德（Leland）等研究发现，当消费者对未来收入有风险预期时，就会产生预防性动机，从而在进行消费或者储蓄的决策时，更加偏重于储蓄，这种储蓄实际上是为了应对不确定性而采用的自保险手段。扎德斯（Zeldes）等的研究表明，在不确定性的条件下，相对于随机游走假说，预防性储蓄理论因考察了不确定性条件下消费者跨期最优选择行为，所以能更合理地解释"过度敏感性"和"过度平滑性"。不确定性在这里主要指未来收入的不确定性，当未来收入可预测时，消费存在过度敏感性；而当未来收入不可预测时，则表现为过度平滑性。预防性储蓄理论的重要意义在于放弃了效用函数的二次型假设，因而是对传统生命周期模型的重要发展和补充。下面以预防性储蓄假说的代表人物为例分别介绍。

一 利兰德的预防性储蓄思想

利兰德1968年首次对预防性动机的储蓄模型进行分析,他定义预防性储蓄为未来不确定的劳动收入而引起的额外储蓄。利兰德量化了消费者的谨慎性动机,引入了效用函数的三阶导数,即当效用函数的三阶导数大于零时,确定性等价理论将不再成立。当消费者感知未来收入不确定性程度会上升,则未来消费的预期边际效用也会相应提高,相对于确定性的情况下,面临不确定性的消费者会进行预防性储蓄用于未来消费,以求获得最大效用。因此消费者进行储蓄的动机有两个:一是为预防未来不确定性的谨慎动机;二是为平滑跨期消费的动机,以防低收入时期受到流动性约束。然而在数学模型中加入谨慎动机后,模型很难得到解析解。

沿着这一基本思路,森德莫（Sandmo）与莫迪利安尼对预防性储蓄行为做了更进一步的分析。这些研究都引入一个生命周期的跨期模型,一般为两期,所得出的结论基本为:对于跨时可分的效用函数,当且仅当效用函数的三阶导数大于零时,即边际效用为凸函数时,会出现正的预防性储蓄。而此后,希伯雷（Sibley）和米勒（Miler）在研究过程中拓展了两期模型,认为在多期模型中,只要符合上述条件,也存在正的预防性储蓄。由于相对于确定性等价模型而言,预防性储蓄理论更加符合经济现象的本质,因此它作为消费经济领域一个重大发展,成为近年来消费储蓄理论研究的中心,并不断被后人发展着。

二 扎德斯的预防性储蓄模型

扎德斯1989年研究了在收入随机波动的情况下,不确定性对消费最优行为的影响,验证了不确定性对于消费决策的影响力度。他发现,在常相对风险厌恶效用函数（CRRA）下,如果没有收入的不确定性,人们会消费更多,即消费者有明显的预防性储蓄动机,特别是金融资产少，劳动收入不稳定的群体。这些消费者明显对预测到的收入变化呈现出过度敏感性，收入的暂时性变化的边际消费倾向要更高一些，而对未预测到的收入反应则迟钝许多。他假定一个消费者固定生活 $T(T < \infty)$ 期，具有常相对风险厌恶效用方程，未来劳动收入是外生的，这是不确定的来源，并且分为两个部分：随机游走的永久性部分和暂时性部分。同时，不存在个人可以通过交易来抵御不确定性的可能性。则消费者在每一期 $t(t = 1,\cdots,T)$，都选择合适的 C_t，以追求一生剩余时间的总预期效用最大化，则消费者最优的问题可以表示为：

$$E_t \sum_{j=0}^{T-t} \left(\frac{1}{1+\delta}\right)^j U(C_t + j)$$
$$W_{t+1} = (W_t - C_t)(1 + r_t) + Y_t + 1 \quad (2-9)$$
$$C_t \geq 0$$
$$W_t - C_t \geq 0$$

式中：W_t 代表消费者 t 期的金融财富值（表示已经可以支配且未用于消费的收入）；Y_t 代表 t 期的劳动收入；C_t 代表 t 期消费水平；r_t 代表 t 期利率；E_t 条件期望代表在所有可用信息下对未来的预期；δ 为贴现因子；$U(C_t)$ 代表效用函数。

引入不确定性后，储蓄同时具有了保险的作用。与生命周期假说相比，预防性储蓄假说的消费者更加谨慎和厌恶风险。

三 卡贝里罗的预防性储蓄模型

卡贝里罗（Caballero）1991 年采用 CARA 效用函数求解了跨期最优模型，得到整个生命周期的消费、储蓄和财富积累函数，并进一步测算了预防性财富在总财富中所占的比重。他认为，不确定性主要体现为劳动收入的变化，如果消费者不在乎不确定性，那么他会根据持久收入的变化来决定消费的变化，这时消费行为不存在过度平滑性。但如果将不确定性考虑进来，消费者必须同时进行预防性储蓄以规避风险,此时表现出过度平滑性。而根据跨期预算约束,消费行为同样也会表现出过度敏感性。其假定消费者共存活 T 期,期初资产为零,贴现率与利率也为零,而劳动收入是不确定的,且是一个随机游走过程,具体模型如下:

$$\max_{C_{t-i}} E_t \Big[\sum_{i=0}^{T-t} -\frac{1}{\theta} e^{-\theta C_{t-i}} \Big]$$
$$C_{t+i} = Y_{t+i} + A_{t+i-1} - A_{t+i} (0 \leq i \leq T-t)$$
$$C_T = Y_T + A_{T-1}$$
$$A_0 = 0$$
$$Y_t^* = Y_{t-1}^* + \varepsilon_t$$

(2-10)

式中:A_t 代表消费者 t 期初的财产值;Y_t 代表 t 期的劳动收入;E_t 条件期望代表在所有可用信息下对未来的预期;T 是消费者非随机的生存时期。

虽然 CARA 型效用函数下最终得出了财富积累函数,并求得了预防性财富的比重,然而,CARA 效用函数无法排除负的消费,因此其应用受到了很大限制。

四 卡罗尔的缓冲存货模型

缓冲存货(Buffer Stock Saving)的概念最早由迪顿(1991)提出,卡罗尔(Carroll)对之进行了发展,于 1992 年提出了储蓄的缓冲存货理论,并证实该理论模型与美国宏观经济数据的大量消费与储蓄的特征相符,即消费者在年轻时期的工作时间符合缓冲存货的行为特征,到了 50 岁左右为退休储蓄,开始具有了生命周期特征,此时缓冲储蓄的动机变为生命周期的动机。由于内生或者外生的流动性约束,消费者只能通过增加财富积累来抵御风险。卡罗尔将消费者的谨慎和缺乏耐心同时纳入了模型,谨慎意味着多储蓄,而缺乏耐心意味着多消费,同时具备两种特性的理性消费者倾向于维持一个固定的、与其收入及收入风险相适应的目标储蓄—财富比，两种心理状态转换的条件是目标财富水平与实际财富积累的关系，即当财富积累超过目标财富水平时，消费者缺乏耐心的程度比谨慎程度更强烈，将倾向于消费；反之则倾向于储蓄，以使财富积累达到目标财富的水平。

迪顿1991年发现，缓冲存货的出现是高折现率、预防性储蓄动机和消费者不愿意过度负债等原因综合作用的结果。预防性储蓄动机会激励那些面对流动性约束的行为人进行储蓄，从而提出加入流动性约束的缓冲存货模型基本形式。后来卡罗尔在2001年验证了流动性约束的存在与否并不改变消费者的最优路径，即使流动性约束完全不存在，居民也不会进行借贷，从而给出了缓冲存货模型的一般形式：

$$V_t(m_t,p_t) = \max_{c_t} E_t [\sum_{n=0}^{T-t} \beta^n U(c_{t+n})]$$
$$a_t = m_t - c_t$$
$$p_{t+1} = p_t \Gamma \psi_{t+1}$$
$$m_{t+1} = Ra_t + p_{t+1}\varepsilon_{t+1}$$

（2-11）

式中：β 为贴现因子；$R = 1 + r$，r 为利率；$p_{t+1}\varepsilon_{t+1}$ 为家庭在 $t+1$ 期的劳动收入 y_{t+1}；p_{t+1} 为家庭持久劳动收入；ε_{t+1} 为收入在 t 期遇到的均值为1的暂时的乘性冲击；$a_t = m_t - c_t$ 为家庭 t 期持有的财富，则 m_t 可称为手持现金（Cash in Hand），用于 t 期的消费支出。$m_{t+1} = Ra_t + p_{t+1}\varepsilon_{t+1}$ 表示消费者决策时的手持现金为期初资产与当期劳动收入的和。$p_{t+1} = p_t\Gamma\psi_{t+1}$ 描述了持久收入的增长机制，其中 Γ 为增长因子，ψ_{t+1} 为均值为1的持久的乘性冲击，这里也可以将这两者简写为 Γ_{t+1}。

其中，当消费者跨期决策时，按照效用最大化原则，当期的边际效用应等于预期未来边际效用的折现值，当效用函数为 CRRA 形式时，相对风险厌恶系数为 ρ，则消费者的决策条件是：

$$U'(c_t) = R\beta E_t[\Gamma_{t+1}^{1-\rho} U'(c_{t+1})] \qquad (2-12)$$

更进一步可得，代入效用函数形式之后，定义 $(R\beta)^{1/\rho}$ 为绝对耐心因子，当 $(R\beta)^{1/\rho} < 1$ 时，即为绝对耐心条件（Absolute Impatience Condition），此时消费者是缺乏耐心的，表现在 t 期将消费比 $t+1$ 期更多。同时构建一个经过不确定性调整的持久收入增长因子 $\bar{\Gamma} = \Gamma [E_t(\psi_{t+1}^{-1})]^{-1}$，则可以给出缺乏耐心增长条件（Growth Impatience Condition）：

$$\frac{(R\beta)^{1/\rho}}{\bar{\Gamma}} < 1 \qquad (2-13)$$

所谓的缺乏耐心增长条件可以理解为当预期收入增长率为正数时，消费者为平滑消费，会动用未来收入，当收入增长率越大，消费者缺乏耐心的程度越高，因此这个条件可以保证消费者的财富水平不会无限增长，从而也保证了边际消费倾向为正。正是缺乏耐心和谨慎两种心理的结合，保证了消费者的消费及储蓄行为呈现出缓冲存货的特征。

缓冲存货理论是众多代表性预防性储蓄的研究中理论基础最完善的一个，为消费领域的理论研究和实证检验提供了一种新的方法。

五 戴南的预防性储蓄动机模型

戴南（Dynan）1993 年提出了一种测度预防性储蓄动机强度的模型，其中使用了二阶泰勒展开的研究方法，并采用了消费增长率的平方项来衡量不确定性。假设消费者的效用函数是跨期可加的，满足一阶导数大于零，二阶导数小于零，三阶导数大于零，即当未来劳动收入不确定时，典型消费者的跨期最优化问题表示如下：

$$\max_{C_{t+j}} E_t \sum_{j=0}^{T-t} (1+\beta)^{-j} U(C_{t+j})$$
$$A_{t+j+1} = (1+r_t)A_{t+j} + Y_{t+j} - C_{t+j} \quad (2-14)$$
$$A_{T+1} = 0$$

式中：A_t 代表消费者 t 期初的财富；Y_t 代表 t 期的劳动收入；r_t 代表 t 期到 $t+1$ 期的真实利率；E_t 条件期望代表在所有可用信息下对未来的预期；β 为时间偏好率；U 代表消费者每一期的效用函数；T 是消费者非随机的生存时期。消费者最优的跨期选择范式为，当期边际效用等于未来边际效用的折现值，则：

$$U'(C_t) = \frac{1+r_t}{1+\beta} E_t [U'(C_{t+1})] \quad (2-15)$$

这一条件表明，当效用的三阶导数大于零时，较高的不确定性和较高的储蓄率相关。不确定性的增加提高了消费的预期方差，当边际效用为凸时，隐含着较高的预期边际效用。因为要满足一阶条件，所以 t 期的消费就要下降，相应地，储蓄必须上升，就产生出了预防性储蓄。接下来，我们对边际效用 $U'(C_t)$ 进行二阶泰勒展开并代入式（2-15），可以得到：

$$E_t\left(\frac{C_{t+1}-C_t}{C_t}\right) = \frac{1}{\varphi}\left(\frac{r_t-\beta}{1+r_t}\right) + \frac{\theta}{2} E_t\left[\left(\frac{C_{t+1}-C_t}{C_t}\right)^2\right] \quad (2-16)$$

式中：$\varphi = -C_t \frac{U''}{U'}$ 为相对风险厌恶系数，$\theta = -C_t \frac{U'''}{U''}$ 为相对谨慎度系数，后者如果为正，那么较高的预期消费增长与预期的消费增长的平方有关，因此 θ 反映了预防性储蓄动机强度的大小。被解释变量消费增长率的期望值反映了消费的变化或者储蓄多少，解释变量消费增长率的平方项反映了消费的波动，进而也反映了不确定性的大小。虽然戴南最终的结果是消费者基本不存在预防性储蓄动机，然而却提供了一个测量预防性动机强度的方法，为该领域的分析提供了一种普遍的分析范式，并且预防性储蓄动机使用谨慎系数来刻画，可以直接获取各参数的值，从而可以在很大程度上决定政策的取向问题。

第五节　流动性约束假说

　　西方经济学界在对随机游走模型进行实证研究时发现了消费的过度敏感性，即消费对于预期收入明显正相关，流动性约束理论是在解释消费的过度敏感性的背景下提出来的，认为信贷市场的不完善致使年轻的消费者及那些受到暂时性收入影响的消费者不能通过信贷来平滑整个生命周期的消费，即流动性约束理论放弃了传统模型中消费者可以以相同利率进行自由借贷的假设条件，认为消费者的借款利率通常要高于储蓄利率，并且许多人往往不能以任意利率借入较多的款项。

　　流动性约束或者称为流动性限制，也有文献直接称之为信贷约束，是指消费者从金融机构以及非金融机构和个人取得贷款时所受到的限制。流动性约束理论认为，金融信贷市场的不完善影响了消费的跨期最优配置，使得消费者无法进行跨期配置与一生总收入等价的消费水平，从而表现出实际消费比消费需求要少，进而出现了消费的过度敏感性等现象。

　　在流动性约束理论提出后，学者们便对其含义界定、表现形式、作用机制、影响程度等进行了广泛研究。其中，扎德斯（1989）将流动性约束定义为某一较低的资产水平（相当于其两个月的收入），如消费者所拥有的财产低于其两个月的收入，则该消费者便是受流动性约束的。

　　生命周期—持久收入假说假定消费者能随心所欲地贷款消费，这显然是以完全信息和充分发达的信贷市场为前提的，即假设不存在流动性约束或信贷约束。但实际上，即使是在发达的金融市场上，由于信贷市场的信息不对称等原因，流动性约束是必然存在的。在发展中国家，除了信贷市场信息不对称的基本原因之外，信贷市场的不完善使得流动性约束的情况更为严重。流动性约束从两个途径降低消费：第一，当前面临的流动性约束使消费者的消费相对于其想要的消费要少，如消费者受到严重的流动性约束，那么消费者就不能够容易地平滑其一生的消费；当消费者处于低收入阶段时，即便其有较高的收入预期，也借不到款项，因此只能进行较低的消费；这时，消费者提高消费水平的唯一方法就是积累财富或者延迟消费，直到高收入时期到来。第二，未来可能发生流动性约束的预期也会降低消费者现期的消费，假设消费者在 $t-1$ 期存在收入下降的可能，如果消费者不面临流动性约束，那么就会通过借贷等方式来避免消费在下一期的下降；如果消费者面临着流动性的约束，那么收入在下一期的下降将会导致消费的下降，除非消费者拥有一定的储蓄。

流动性约束能使边际价值函数凸化，从而，当消费者受到流动性约束时，无论效用函数为二次型效用函数，还是非二次型效用函数，都具备了谨慎性特征。当存在不确定性时，二次型效用可以产生预防性动机，非二次型效用强化了预防性动机。所以说，流动性约束能够引起消费者减少当期消费，增加储蓄，从而产生预防性储蓄行为。这一点与预防性储蓄的机理相似，说明流动性约束和不确定性因素对消费的影响具有相似之处。

第六节 本章小结

综观消费函数理论的发展过程，实质就是对影响人们消费行为的内在和外在因素的认知逐渐深入并引入分析的过程。从内在人性及消费心理上看，以下三个阶段对应着不同的人性假设：第一阶段，短视的、非理性的消费者；第二阶段，眼光长远的完全理性消费者；第三阶段，眼光长远的有限理性（接近理性）消费者。在考量消费的关键外在影响因素收入时，也经历了收入由确定到不确定的认知过程。在研究方法上，凯恩斯基于他的"心理定律"进行推理，而弗里德曼等在提出假说的同时，也进行了一定的实证分析。而后，则运用了大量数据进行计量经济分析，力求假说能与实际消费相吻合，提高理论的解释力。但也正因为过度追求模型的精巧，运用繁杂的数学运算反而削弱了假说的实际意义。同时，我们应该认识到，每一种消费函数理论只能具有有限的解释力。因为消费函数是对收入与消费关系的抽象和概括，而实际中，不同时代、不同国家地区、不同经济发展水平、不同历史制度下，人们的消费心理及其他影响消费的外在因素是随时在变化的，因而消费函数也必然没有统一的形式。当然，上述模型和假说为我们分析消费问题提供了一种思路与框架，具体的研究仍然要从不同的角度出发，要具体问题具体分析。

第三章　预防性储蓄理论的经验研究

经过上一章节的分析，我们认识到，预防性储蓄指的是当消费者预期到未来存在不确定性时，为防止收入风险影响到消费的平滑性，从而进行的额外储蓄。国外关于预防性储蓄的研究基本是在跨期最优的框架下，引入收入不确定性后展开的，所解决的问题是当收入不确定性代替了完美预期的假设、当效用函数具备了三阶导数大于 0 的性质后，居民家庭的储蓄行为发生的变化。需要说明的是，与以往的确定性等价下的消费理论不同，西方的预防性储蓄理论并没有确切的理论体系，而是一个由多位经济学家的多种分析框架集合起来的理论群。其中利兰德（1968）和金博尔（Kimbal, 1990）在预防性储蓄理论的发展上做出了巨大贡献，前者提出了预防性储蓄动机存在的条件，后者构建了预防性储蓄动机强度的测量指标，即相对谨慎性系数和绝对谨慎性系数。在扎德斯（1989）和迪顿（1991）前期有关储蓄、流动性约束的相关研究基础上，卡罗尔等（1992）提出了缓冲存货理论的分析框架，使用美国的数据实证结果表明，消费者在年轻时期的工作时间进行预防性的缓冲储蓄，而随着生命周期的递进，到 50 岁开始为退休储蓄，此时不再遵循缓冲存货行为。当某期收入出现波动时，之前各期的储备会起到一个缓冲作用，从而使得消费在当期收入下降时仍能平滑进行，从这个意义上看，我们说缓冲存货的唯一目的就是预防。卡罗尔将消费者的另一特性——缺乏耐心也引入了分析框架，并给出了消费者储蓄行为的调整条件和路径：消费者同时具有缺乏耐心和谨慎性的特征，每位消费者心目中均有一个目标净财富与持久收入的比例水平，如果当前财富积累与持久收入的比例高于目标值，消费者缺乏耐心的程度会比谨慎程度更高，此时消费者将倾向于消费；反之，若当前财富积累与持久收入的比例低于目标值，消费者将更加谨慎，此时消费者将倾向于储蓄。目标比例水平并不是一成不变的，当消费者有失业等不良预期时，因消费者具有风险厌恶特性，他们会采取自保险手段，调高心目中的目标比值，并继而增加储蓄以维持新的目标。之后的一系列研究也使得缓冲存货理论渐渐完善起来，如托切（Toche）（2005），卡罗尔与金博尔（2006），卡罗尔（2011）深入分析了目标储蓄水平的存在性等问题，构建了缓冲存货模型较完整的理论框架。随着理论的发展，关于预防性储蓄的实证研究也随之出现。

第一节 有关预防性储蓄强度的研究

一部分文献研究了预防性储蓄的强度，而这个强度，体现在预防性储蓄的动机或者重要性（比例）上。虽然研究方法不尽相同，但实际上这两者是联系非常紧密的。预防性储蓄的动机描述了人们谨慎的心理状态，而这种心理状态的外在体现就是预防性储蓄在家庭总财富中的比例多少。因此，无论是研究预防性储蓄的心理动机，还是外在表征，都是有关预防性储蓄强度的研究。

一 预防性储蓄的动机

关于预防性储蓄动机的研究始于戴南（1993），他在金博尔研究的基础上，通过二阶泰勒展开近似得到预防性储蓄的计量模型，进而进行检验，结果是预防性储蓄动机非常小。后续的有关预防性储蓄动机的研究基本都是在戴南的框架下的进一步的扩展。而预防性储蓄重要性的研究则主要关心的是居民的预防性财富能够在多大程度上解释其储蓄或财富积累。由于不确定性条件下跨期最优模型没有解析解，因此这方面的研究转而采用其他方法，如扎德斯（1989）、卡罗尔（1992）均采用了计算机数值模拟的方法研究预防性储蓄对财富积累的贡献程度。卡贝里罗（1990，1991）采用CARA效用函数求解了跨期最优模型，得到整个生命周期的消费、储蓄和财富积累函数，并进一步测算了预防性财富在总财富中所占的比重为60%左右。但指数效用函数下的消费函数无法排除负的消费，进而后来的文献转而使用了CRRA效用函数。

与国外研究相比，国内该领域的研究多集中于经验分析。大部分有关预防性储蓄的研究是在对戴安框架进行不同角度扩展后，对城乡居民预防性储蓄动机强度进行检验，得出的结果也有较大差异。龙志和、周浩明（2000）采用1991—1998年的省际面板数据计算了城镇居民的预防性储蓄动机强度，发现样本期间内城镇居民的相对谨慎系数大约为5.08，预防性储蓄动机较强。而施建淮、朱海婷（2004）采用1999—2003年35个大中城市的居民消费数据进行分析得出这些城市居民的相对谨慎系数为0.878，仅存在微弱的预防性储蓄动机。农村样本方面，易行健等（2008）得出农村居民相对谨慎系数为11.5左右，其中西部地区农村居民的预防性储蓄动机最强，在1992—2006年表现出先上升后下降的趋势。李江河等（2018）分析认为在面临着未来收支更大的不确定性上城乡居民都存在显著的预防性储蓄动机，但农村居民的预防性储蓄动机相对大于城镇居民；在消费行为上城乡居民都有一定的惯性，但农村居民的消费惯性更强，从而使农村居民的边际消费倾向远低于城镇居民。夏庆杰、顾思蒋（2018）根据2011年、2013年和2015年的中国中老年家庭入户调查数据回归结果得出，各因素对家庭储蓄的影响通常随着储蓄分位点的变高逐渐减弱，中老年家庭的预防性动机与边际消费倾向递减趋势，同时对我国中老年家庭储蓄率产生显著影响。

二 预防性储蓄的重要性

关于预防性储蓄重要性的研究，1998年，卡罗尔和萨姆维克（Samwick）在缓冲存货模型的框架下，利用数值模拟技术得到了目标财富收入比与收入不确定性的近似线性方程，并以此为基准方程验证了收入不确定性与财富积累的关系，同时进一步测算了当不确定性变小时财富的变化情况，最终得到了由不确定性引起的财富占总财富的32%—50%。其他国家学者应用相似方法研究预防性储蓄重要性的还有文图拉（Ventura）和艾森豪尔（Eisenhauer），他们在2006年通过家庭层面的数据测出意大利居民的预防性储蓄比例占到了15%—36%。巴茨施（Bartzsch）2008年使用德国社会经济面板数据（GSOEP）将家庭资产区分为房产和金融资产，研究发现房产因其流动性差的原因，并不被家庭用作缓冲存货，而净金融资产中有20%的比例为预防性。还有些研究，如路萨迪（Lusardi）1998年采用了构造简式计量方程的方式，得到了最佳财富收入比模型，通过计算发现，预防性储蓄对财富积累的影响非常小。2004年，肯尼克尔（Kennickell）和路萨迪使用消费者金融调查（SCF）1995—1998年的数据，从预防性储蓄的生命周期特征出发，发现几乎所有家庭都有预防性的财富积累，而这个比例在年轻家庭和中年家庭中占比较小，在老年家庭中占比较高。

国内学者对于我国预防性储蓄重要性的涉及还相对较少。王辉和张东辉（2010）将预防性储蓄从居民储蓄资产中分离出来，利用资本资产定价模型对我国居民预防性储蓄行为进行实证分析，结果显示，消费增长率的波动以及利率的波动与预期消费增长存在显著的正相关性，并且通过计算得出我国居民预防性储蓄占储蓄存款的比重高达83.7%，这充分表明我国居民的预防性储蓄是一个长期积累的过程，预防性储蓄是对未来较大不确定支出所做的准备，因此减少消费、利率以及涉及居民大额支出的波动是降低预防性储蓄动机的主要手段。国内对于预防性储蓄重要性做出过研究的还有雷震和张安全（2013），他们拓展了卡贝里罗的研究方法，提出一个以家庭为决策单位的最优预防性储蓄动态模型，首次利用2005—2009年中国地级城市面板数据对中国城乡居民预防性储蓄进行量化分析，结果发现由于收入不确定性而引起的预防性储蓄至少能够解释城乡居民人均金融财产积累的20%—30%。该方法使用了常绝对风险厌恶效用函数（CARA），这样虽然可以得到预防性储蓄者消费函数的具体表达形式，但推导出的这个消费函数不排除出现负值的消费，且CARA效用函数在描述风险下消费者行为时也存在着偏差，目前西方文献相关领域的研究已基本不再使用。

针对不确定性变量量化难的问题，也出现了一些行为经济学实验方法的尝试，如巴林杰等（Ballinger et al.）（2003）使用36人的小样本，考察了在不确定性条件下，消费者现有资产如何分配于消费或储蓄上，家庭三代中年青一代在实验中的表现要比年老一代好得多。

第二节 社会保障、家庭资产与预防性储蓄

国外预防性储蓄相关领域的研究，大多数是在收入的不确定性方面展开分析的，而从支出不确定的角度进行研究的文献较少。养老保险支出与预防性储蓄关系的研究较早的有马格努森（Magnussen），他在1994年使用预防性储蓄的模型对1962—1991年的挪威样本进行的实证研究发现，养老保险可能会抑制居民消费，主要原因在于人口老龄化导致养老保险支出上升。同样是在1994年，哈伯德（Hubbard）、斯金纳（Skinner）、扎德斯使用了扩展的生命周

期模型，认为人们在未来面临着收入、医疗支出和生命周期等诸多不确定性，而这三种不确定性也导致了预防性储蓄。

其他相关研究实证结果亦有分野。如格鲁伯（Gruber）1999年发现，1993年美国的医疗救助计划减少了家庭17.7%的储蓄。周等（Chou et al.）分析了台湾地区在1995年实行的国民健康保险对于预防性储蓄的影响，发现与之前的政府保险计划相比，国民健康保险使得储蓄平均减少了8.6%—13.7%。亚历山德拉（Alessandra）利用英国1996—2000年的英国家庭成员追踪调查（BHPS）的家庭层面数据验证了私人医疗保险对储蓄的影响，对比了使用私人医疗服务中的有私人医疗保险群体和无私人医疗保险群体，结果后者的储蓄要比前者多。不同的结论如孔（Kong）利用韩国家庭调查数据，发现从1993年到1998年国家健康保险基本全覆盖的阶段，老龄家庭的医疗费用支出不确定性并没有得到缓解，应对的方法是减少消费，增加预防性储蓄。

家庭视角的研究主要有家庭的总体资产和负债状况以及资产组合配置、家庭住房资产与消费，和家庭所面临的信用约束。陈杰（Chen Jie）2006年对瑞典家庭消费与财富的关系的研究表明，在长期房产的增值会增加家庭的消费，而在短期，房产价格的波动对家庭消费支出的影响则不显著。坎贝尔等（Campbell et al.）2007年验证了英国不同群体信贷约束下的房产财富效应，包括年老户主家庭与年轻户主家庭、年老租房家庭与年轻租房家庭、不同地区家庭等，结果证明房产的财富效应是真实存在的，年老户主家庭房产的财富效应最大，而年轻租房家庭财富效应最小。而且发现地区房产价格的变化影响地区的总消费。

国内学者对于预防性储蓄领域的创新多集中于支出不确定性上。李勇辉、温娇秀（2005）跳出了国内学者遵循西方预防性储蓄理论中收入不确定性的分析，认为支出的不确定性同样可以导致预防性储蓄，从而提出了我国预防性储蓄行为支出不确定性的原因主要有教育、养老、医疗及住房。而众多不确定因素中,看病难、看病贵成为了普遍的社会现象,医疗支出的增长率明显快于收入(汪德华和张琼,2008),医疗支出已经成为仅次于刚性支出的家庭第三大支出。朱波、杭斌(2015)在戴南的框架下,采用城乡居民省际面板数据,通过个体时点固定效应模型,将支出区分为医疗支出及非医疗支出,基于流动性约束分析了医疗支出对居民储蓄的影响机制,结果显示我国城乡居民预防性储蓄动机都很强烈,城镇居民明显高于农村居民,医疗支出显著增强了城乡居民(特别是农村居民)的预防性储蓄动机。

按照凯恩斯的观点,完善的社会保障制度具有收入再分配功能,能够缩小贫富差距,提高社会整体的消费倾向。预防性储蓄理论也认为有效的社会保障会使居民降低预防性储蓄动机,进而增加当期消费需求。但学界也有不同的观点,例如,流动性约束理论认为,居民享受社会保障的前提是按期缴纳社会保障中的自负费用,而这种定期的支出不可避免地会减少居民当期的可支配收入,进而增加流动性约束的可能性,谨慎起见居民就会减少当期消费。可见,社会保障对居民储蓄和消费行为是否存在影响都没有理论上的定论。我国学者对于这方面的分析也出现了不同的结论。陈梦真(2010)使用2005年31个省市的横截面数据,研究了养老金与居民消费的相关关系,结果表明养老金支出增加可以促进居民消费。也有些学者从其他角度另辟蹊径,如顾海兵、张实桐(2010)使用了案例式逻辑分析方法研究社会保障与消费的关系,并得出社会保障水平与消费水平不相关的结论,认为社会保障的主要功能是把高收入者或中高收入者的一部分收入转移到低收入者,而对整个社会的消费和储蓄不会产生影响。

徐舒、赵绍阳(2013)考虑了公务员与企业职工不同的收入增速,收入风险以及异质性偏好后,发现养老金"双轨制"引起的替代率差异能解释公务员与企业职工生命周期中24.3%的消费差距。

蒲成毅、潘小军（2012）从微观机理视角来探讨保险消费对经济增长的多因子协同作用机理，发现保险要么以企业生产消费形式进入生产领域，要么以家庭个人和政府机构的服务消费形式进入消费领域，能起到激励员工、弥补社会保障体系不健全等作用。

解垩（2010）利用中国健康与营养调查（CHNS）1993年、1997年、2000年、2006年数据，以18岁以上成人个人为样本单位，用倍差法和分位数回归考察了1998年城镇职工医疗保险的推行对于预防性储蓄的挤出效应，发现该效应并不显著。但这次尝试仅仅是储蓄与医疗保险的关系检验，实证方程中不包括不确定性的代理变量，忽略了收入及收入不确定性，而独自去考察医疗保险和储蓄的关系，不免影响结果的可信程度。何兴强、史卫（2014）使用2009年微观横截面数据检验了家庭户主及成员的健康状况的主观感受所蕴含的健康风险信息对于家庭消费的影响，发现健康风险对家庭消费的影响主要源于除户主外的其他成员，尤其是老年成员，而医疗保险有助于缓解家庭的健康风险。

有关农村样本的研究则证明新农合制度可以缓解不确定性带来的冲击，如宁满秀等（2010）认为新型农村合作医疗制度的实施对于预防性储蓄产生了挤出效应，在一定程度上分散了农户的医疗支出风险，进而降低农户未来医疗支出的不确定性，而对农户的预防性储蓄产生挤出效应。文章使用了CHNS的2000年及2006年的数据，采用倍差法证实了这种挤出效应。实证过程中的因变量预防性储蓄采用了家庭总财产与持久收入的比值，而自变量中同样包含了持久收入，这种处理可能会造成估计结果的偏差。白重恩等（2012）利用农村各固定观察点的数据，通过引入新型农村合作医疗这一政策变化来实证研究了医疗保险对于农村居民消费的影响。结果表明，新农合使得非医疗支出类家庭的消费增加了约5.6个百分点，这一正向作用随着医疗保险保障水平的提高而增强，而且在没有医疗支出的家庭中更强。陈醉、刘子兰（2017）使用2011年和2013年中国健康与养老追踪调查（CHARLS）微观面板数据，运用固定效应模型、随机效应模型和混合回归模型分析新型农村合作医疗保险对我国农村居民的总消费、非医疗消费和医疗消费的影响。研究发现新型农村合作医疗保险保障水平的提高对农村居民的总消费、非医疗消费和医疗消费均有正向促进作用。这说明新型农村合作医疗保险保障水平的提高不仅有助于缓解我国高储蓄、低消费的现象，同时也有助于改善农村居民看病贵、看病难、有病不医的问题。综上所述，我们可以说新农合政策降低了农村居民的预防性储蓄。

在预防性储蓄的理论框架下研究养老保险的文献相对于医疗保险来说要少一些，杨继军、张震（2013）利用我国1994—2010年的省际面板研究发现，养老保险缴费水平对居民储蓄的影响是显著为正的，也就是说，研究期间的养老保险改革并没有缓解居民对于将来养老的谨慎心理。朱波（2015）分别采用1994—2013年省际面板数据和中国养老追踪调查的微观数据，实证结果均表明养老保险对我国居民消费存在着显著的正影响。

有关房价上涨对预防性储蓄的影响也有不同争论，徐小鹰（2012）研究发现，房价上涨导致预防性储蓄增加，进而使居民消费下降。而李剑、臧旭恒（2015）得出房价波动产生的财富效应的渠道之一即为预防性储蓄渠道，此时房产充当缓冲储备，当房价上涨时，财富增加，进而居民会增加当期消费。袁冬梅等（2014）研究表明少年抚养比、房价上涨分别给未来教育支出与购房支出带来了很强的不确定性，强化了预防性储蓄动机，也是引起消费异质性的核心因素。

第三节 传统消费理论框架下预防性储蓄的相关研究

传统消费理论框架下预防性储蓄相关研究的研究范式主要体现在

其他消费理论、假说等与预防性储蓄的交叉研究上。孙凤（2001）较早将预防性储蓄理论与生命周期理论的分析框架相结合，使用了误差修正模型验证了不确定性对于中国居民消费的负向影响；万广华等（2003）运用微观农户家庭调查数据研究发现，流动性约束、预防性储蓄动机及工业化等均对中国农户家庭储蓄率有着较大的正向影响。臧旭恒、裴春霞（2004，2009）分析了流动性约束和预防性储蓄对1978年以来中国居民消费行为的影响，认为流动性约束可以强化消费者的谨慎动机，而谨慎动机与不确定性共同决定了预防性储蓄行为。杭斌、申春兰（2005）对于预防性储蓄的定义不仅纳入了不确定性原因，也纳入了流动性约束因素，他们在推导出跨期消费最大化欧拉方程时考虑了消费者预期支出高峰，并在所推导的理论基础上实证分析了中国城镇居民的消费行为，发现20世纪90年代后城镇居民的边际储蓄倾向持续上升，且这种变化主要是预期支出不断提高引起的预防性储蓄增加造成的，而预期支出提高与教育、医疗费用上涨过快有关。

第四节　国外关于中国储蓄问题的研究

我国的高储蓄率问题也引起了众多海外学者的关注。如莫迪利安尼和曹（Cao）2004年使用了家庭金融资产的变化和固定资产的投资等来估计家庭储蓄，并将这些储蓄与消费相加得到了家庭可支配收入，从而计算了新中国成立后到2000年较长一段时间的中国居民储蓄率，发现改革开放之前，中国居民的平均储蓄率是很低的，普遍低于5%，改革开放之后储蓄率开始稳步上升，到1994年达到了约34%。而家庭储蓄率的主要决定因素有经济增长速度、人口老龄化程度和通货膨胀率等。香冈（Horioka）和万（Wan）2007年使用1995—2004年统计年鉴的数据也得到了相似的结论，认为家庭储蓄率主要同实际利率与人口年龄结构有关，但他们用统计年鉴估计的家庭储蓄率在1995年约为21%。魏尚进等（Wei S. J. et al.）2011年认为中国居民储蓄率持续攀升的境况，已经难以用传统的生命周期理论、预防性储蓄理论和金融市场的发展理论或习惯形成等理论进行解释，他们认为随着男女比例失调，家有男孩的父母出于增加婚姻市场竞争力的考虑，进而会提前多年进行储蓄，即改革开放后中国储蓄率上升的一个重要原因是中国7—21岁人口男女性别比例失衡，这个失衡可以解释50%的储蓄率的上升。

豪拉格等（Horag et al.）（2017）分析了中国预防性财富的比例问题，他们应用城镇家庭调查数据估算出了跨期替代弹性和相对风险厌恶系数值，然后利用CHNS 1989—2009年所有调查年份的数据，使用递归效用函数模拟得出中国的储蓄率为26.1%，当相对风险厌恶系数赋值为0时，即居民成为风险中性的理性消费者时，中国的储蓄率仅为4%，意味着中国的预防性储蓄占收入的比率为22.1%，也得出了中国80%以上的储蓄来源于预防性动机的结论，他们同样也估计出同期美国居民的储蓄近乎全部为预防性储蓄。这与绝大多数分析美国居民预防性储蓄重要性的研究结果大相径庭。这种方法是在资本资产定价模型的框架下，将金融学纳入了经济学均衡分析中来，将风险与不确定性一视同仁。然而，风险是可以用概率来估算的，不确定性是完全不可预知的，而引致预防性储蓄的是不确定性而不是风险。因此即使消费者是风险中性的，仅说明消费者主观对于各种不同风险的资产组合具有同样的偏好，而不能替代客观的不确定性与预防性储蓄间的对应关系。因此尽管金融学的方法引入有一定的价值，但具体如何应用于分析预防性储蓄重要性的问题还有待商榷。

但是制约预防性储蓄研究的最大因素还是微观数据的匮乏，缺少连续的微观家庭的抽样考察。为弥补数据的不足，促进相关研究顺利开展，清华大学中国金融研究中心已开展了三次消费金融调查，其他相关调查还有中国健康与营养调查（CHNS）、北大中国社会科学调查中心的中国家庭动态跟踪调查项目（CFPS）、北大国家发展研究院的中国健康与养老追踪调查（CHARLS），以及中国家庭金融调查（CHFS），这是由西南财经大学与中国人民银行金融研究所2010年合作成立的中国家庭金融调查与研究中心，在2012年5月发布的。众多学者应用这些数据开展了家庭财富与消费的研究，甘犁等（2013）利用2012年5月CHFS发布的数据，对中国家庭资产状况及住房需求做了分析，采用类似SCF对家庭资产的分类方式，家庭总资产包括非金融资产和金融资产两大部分。陈斌开、李涛（2011）利用2009年7—8月国家统计局开展的"中国城镇居民经济状况与心态调查"项目的数据，细致考察了中国城镇居民家庭资产—负债的现状与成因，发现家庭资产随户主年龄、受教育程度和家庭收入水平提高而上升，负债则相反。

第五节 本章小结

本章对于现有国内外预防性储蓄领域的相关经验研究进行了梳理和综述。

总体来说，国内大部分研究主要集中在居民预防性储蓄动机强度或者预防性储蓄影响因素的检验，对于预防性储蓄的重要性鲜有涉及。然而，预防性储蓄动机的强弱只是一种心理活动，消费者存在较强的预防性储蓄的动机并不一定等同于预防性储蓄占总财富的比例就一定高。同时，国内的实证检验采用的数据多为宏观人均数据，选择某一区域的均值意味着每个区域都派出一名典型的消费者参与分析，这显然是以个人为主体的分析方法。然而，经济活动中的消费与储蓄行为决策往往都是以家庭为单位来做出的。因此选用大规模微观面板模型来研究预防性储蓄的比例、影响因素、生命周期特征等要准确得多。

大多数国外学者研究重点集中在收入不确定性条件下展开的预

防性储蓄动机及存在性的检验上，只是所用指标和方法不同，估算的结果也有所差别。研究结果中，部分认为居民不存在预防性储蓄动机，这部分以戴南模型为典型；而大部分学者承认了预防性储蓄的存在，认为收入不确定性在很大程度上影响了家庭储蓄行为，并使用多种方法估算了预防性储蓄的比例，这部分以卡贝里罗和卡罗尔为代表。

国内预防性储蓄领域的研究多集中于动机检验，与国外研究视角不同的是，较统一的观点认为居民预防性储蓄不仅来源于收入不确定性，也来源于支出不确定性，这是和我国国情相适应的。我国社会保障程度仍然处于不断改革和推进的阶段，虽然养老保险和医疗保险已基本实现全覆盖，然而保障力度、报销范围等与西方国家健全的社会保障体系还是无法相提并论的。但无论是收入不确定性还是支出不确定性，都会影响家庭储蓄行为，造成最优消费的偏离。国内对于预防性储蓄比例的研究仍然较少，这也和微观追踪调查数据缺乏有很大关系。

在把握国外研究动向和国内研究成果的基础上，本书引申出研究的切入点，即在微观与宏观两个层面研究居民在面临不确定性时的储蓄和消费行为。微观部分使用大型微观家庭追踪数据——中国健康与营养调查（CHNS）1997—2011年六个调查年度的数据，估算预防性储蓄的比例，验证城乡居民的预防性储蓄行为及生命周期特征；宏观部分引入了黏性预期的分析方法，将未来不确定性进行黏性加总后，考察其对于消费行为的影响，这部分分别使用了2000—2012年28省市城镇的季度面板数据、2013—2016年31省市农村的季度面板数据。微观调查数据间隔为2—4年，宏观数据使用的是季度数据，因此，微观宏观两个角度的结合也是长短两种经济周期的结合，有利于更全面考察居民的预防性储蓄和消费行为。

第四章　中国居民家庭预防性储蓄比例的测度

近年来，在过度依赖投资和出口的经济增长模式下，国内经济表现出了一系列问题。而随着投资和出口的疲软，能够带来经济持续增长的消费逐渐成为国内经济研究的热点和政策关注点。而与我国目前居民消费率的低下相对立的，就是我国居民储蓄率过高的问题。20世纪90年代开始，我国的城乡居民储蓄率表现出上扬趋势，城镇居民和农村居民人均储蓄率分别从1978年的9.4%和13.1%逐渐上升为2014年的30.77%和20.02%。截至2014年底，我国城乡居民储蓄存款余额达到48.5万亿元，相当于当年GDP的76.5%。

为何在我国居民收入快速增长的背景下仍然存在大幅度的延迟消费呢？众多学者做了大量工作，试图探寻高储蓄率背后的动机。其中大部分研究基于传统的生命周期—持久收入假说的理论框架对消费函数进行了探讨和检验，然而根据该理论，在我国收入水平较低、利率较低、经济增长率较高的环境下，理性消费者的决策应更加倾向于借贷和消费，这却与现实情况产生背离。迪顿（1991）指出，传统的LC – PIH模型没有重视未来的各种不确定性，因而导致经济主体的行为与标准模型的预测产生偏离。20世纪八九十年代逐步发展起来的预防性储蓄理论为这一问题的解答提供了新的思路。在我国信贷市场还不尽完善、各类社会保障制度都尚未充分建立的情况下，居民对于所面临的收入不确定性，很自然地会采用预防性储蓄这一自保险手段。预防性储蓄理论将收入不确定性引入跨期最优的分析框架，证明了未来收入越不确定，消费者的行为将越谨慎，储蓄也会更多。

预防性储蓄指的是，当消费者面临未来不确定性时，为了平滑一生的消费而进行的额外储蓄，以防由收入风险导致消费水平急剧下降。国外对于预防性储蓄的研究基本是在跨期最优的框架下，引入收入不确定性后展开的，所解决的问题是当收入不确定性代替了完美预期的假设、当效用函数具备了三阶导数大于 0 的性质后，居民的储蓄行为发生的变化。卡罗尔和萨姆维克（1998）在缓冲存货模型的框架下，利用数值模拟技术得到了目标财富收入比与收入不确定性的近似线性方程，并以此为基准方程验证了收入不确定性与财富积累的关系，同时进一步测算了当不确定性变小时财富的变化情况，最终得到了由不确定性引起的财富占总财富的 32%—50% 的结论。豪拉格等（2017）的结果近似，他们利用 CHNS 1989—2009 年所有调查年份的数据，使用递归效用函数模拟得出中国 80% 以上的储蓄来源于预防性动机的结论。这种方法是在资本资产定价模型的框架下，将金融学纳入了经济学均衡分析之中，将风险与不确定性一视同仁。然而，风险是可以用概率来估算的，不确定性是完全不可预知的，引致预防性储蓄的是不确定性而不是风险。因此即使消费者是风险中性的，仅说明消费者主观对于各种不同风险的资产组合具有同样的偏好，而不能替代客观的不确定性与预防性储蓄间的对应关系。因此尽管金融学的方法引入有一定的价值，但具体如何应用于分析预防性储蓄重要性的问题还有待商榷。国内学者对于预防性储蓄重要性的研究还相对较少。雷震和张安全（2013）拓展了卡贝里罗的研究方法，得出 2005—2009 年该比例为 20%—30%，然而 CARA 效用函数推导出的消费函数不排除出现负值的消费，且 CARA 效用函数在描述风险下消费者行为时也存在着偏差，目前西方文献相关领域的研究已基本不再使用。

预防性储蓄动机的强弱只是一种心理活动，消费者存在较强的预防性储蓄的动机并不一定等同于预防性储蓄占总财富的比例就一定高。那么，预防性储蓄是否是引起我国居民储蓄率过高的主要原因呢？或者说，它在整个储蓄中的占比是怎样的？这将是本章要考察的主要问题。

第一节 基于缓冲存货模型的测度方法

缓冲存货的概念最早由迪顿（1991）提出，卡罗尔对之进行了发展，于1992年提出了储蓄的缓冲存货理论，并证实该理论模型与美国宏观经济数据的大量消费与储蓄的特征相符，即消费者在年轻时期的工作时间进行缓冲存货储蓄，到了50岁左右开始为退休储蓄，此时缓冲储蓄的动机变为生命周期的动机。卡罗尔将消费者的谨慎和缺乏耐心同时纳入了模型，谨慎意味着多储蓄，而缺乏耐心意味着多消费，两种心理状态转换的条件是目标财富水平与实际财富积累的关系。当财富积累超过目标财富水平时，消费者缺乏耐心的程度比谨慎程度更高，将倾向于消费；反之则倾向于储蓄，以使财富积累达到目标财富的水平。除缓冲存货模型的一般形式（2-11）外，其基本形式亦可表达如下：

$$\max E_0 \sum_{t=0}^{T} \beta^t U(C_t)$$

$$Y_{t+1} = P_{t+1} V_{t+1}$$
$$X_{t+1} = RW_t + Y_{t+1} \quad (4-1)$$
$$W_t = X_t - C_t$$

式中：β 为贴现因子；$R = 1 + r$，r 为利率；Y_{t+1} 为家庭在 t 期的劳动收入；P 为家庭持久劳动收入；V_t 为收入在 t 期遇到的暂时的乘性冲击；$W_t = X_t - C_t$ 为家庭 t 期持有的财富，则 X_t 可称为手持现金，用于 t 期的消费支出。采用的效用函数为 CRRA（常相对风险厌恶效用函数）形式。由于该模型不存在解析解，卡罗尔和萨姆维克（1998）用倒推法得到了缓冲存货模型的数值模拟解，结果表明，缓冲存货模型意味着收入不确定性 ω 和财富收入比之间存在着以下关系：

$$\log\left(\frac{W}{P}\right) = \alpha_0 + \alpha_1 \omega + \nu \qquad (4-2)$$

变形后，加入人口统计学变量，可以得到基准的计量方程：

$$\log(W) = \alpha_0 + \alpha_1 \omega + \alpha_2 \log(P) + \alpha_3' Z + \xi \qquad (4-3)$$

通过方程（4-3）的估计，我们可以得到家庭面临的不确定性与财富积累的关系。方程（4-3）的估计需要的变量包括家庭财富、家庭持久收入、收入不确定性及众多人口统计学变量。

假设方程（4-3）的估计结果显著，那么在确定了有关不确定性与财富积累的对应关系之后，要想进一步分析预防性储蓄的比例，则需要将预防性储蓄从整个财富积累中剥离出来，然而人们很难主观判断并给出这个数值。我们不妨回到预防性储蓄的定义，预防性储蓄是指由不确定性而引致的额外储蓄。那么在其他条件不变的前提下，如果家庭面临的不确定性减少了，财富累积也会发生相应的变化。假设不确定性由 ω 减少为 ω^*，ω^* 可以是 ω 的 30%，或者 50%，也可能是 0。按照缓冲存货理论，财富积累将发生变化，假设变为 W^*，将这一对应关系代入方程（4-3）后我们可以得到另一个方程（4-4）：

$$\log(W^*) = \alpha_0 + \alpha_1 \omega^* + \alpha_2 \log(P) + \alpha_3' Z + \xi \qquad (4-4)$$

我们将上述思路反过来分析，假设不确定性最初很小，为 ω^*，当不确定性发生变化，由 ω^* 上升为 ω 时，若方程（4-3）中 α_2 的估计系数为正，则对应的财富值也会由 W^* 上升为 W。由预防性储蓄的含义可知，在其他条件不变的情况下，仅由不确定性产生的额外财富积累的变化为 $W - W^*$。也就是说，在不确定性为 ω 时，对应的财富积累额 W 中，预防性储蓄额为 $W - W^*$（其中 W^* 为不确定性为 ω^* 时对应的财富积累值）。那么此时预防性储蓄的比例 K 即为：

$$K = \frac{W - W^*}{W} \qquad (4-5)$$

用这种方法，我们近似地计算出了在现有不确定性下居民家庭预防性储蓄的比例。在这个过程中最关键的部分即为方程（4-3）的估计，下一节将分步骤分别介绍方程（4-3）估计中用到的数据，以及方程中家庭财富、持久收入、不确定性等几个关键变量的选择和处理。

第二节 微观数据的统计分析及关键变量的选择

一 微观数据样本的形成

使用方程（4-3）分析居民消费及储蓄行为必须要使用到多年份的家庭追踪数据。而当前在我国，可以利用并形成这样的微观面板数据的数据源并不多，部分质量较高的数据库如中国健康与养老追踪调查（CHARLS）、中国家庭追踪调查（CFPS）与中国家庭金融调查（CHFS）均处于起步阶段，农业部农村固定观察点（RCRE）也只是农村样本的数据。因此本章选择了美国北卡罗来纳大学人口中心与中国疾病预防控制中心营养与食品安全所合作的追踪项目——中国健康与营养调查（CHNS）。该调查的目的是研究中国社会的经济转型和计划生育政策的开展对国民健康和营养状况的影响，调查内容涉及了人口特征、经济发展等本章需要的指标。该项目分别于1989年、1991年、1993年、1997年、2000年、2004年、2006年、2009年、2011年共开展过9次调查，范围覆盖了9个省的城市和农村，且每次调查都会有新样本加入，也会有旧样本退出。为了取得面板追踪数据的完整性和最大化，本章选用了 CHNS 1997—2011 年六个调查年份的数据。用到的具体指标包括各年度家庭资产总额、房产价值、家庭年收入以及各类人口统计学变量（如婚姻状况、所在省份、城镇农村、最高受教育程度、性别、阳历出生年、职业、职位类型、工作单位、有无医保等信息）。经过匹配后得到全样本为 7996 个家庭的非平衡面板数据。去除关键变量缺失及其他由人口统计学因素的变动造成的干扰，经筛选我们最终得到了 315 户典型的家庭平衡面板，作为以下各实证分析的样本。具体筛选方法见表 4 – 1。

表 4 – 1　　　　　　　　　　样本筛选的步骤及结果

筛选条件	剩余的家庭数目
全样本	7996
筛选 6 个年份都参与调查的家庭	2090
删除调查期间户主发生变化或个体变量缺失的家庭	1804
取出 1947—1960 年出生的在考察期内 50—64 岁的样本 805 户，最终得到户主出生年晚于 1961 年的，即户主年龄在考察期内在 50 岁以下的样本	396
删除婚姻在考察期内发生变化的家庭	377
去掉家庭收入及资产缺失值的家庭，以及职业为"其他或不知道"的家庭	315

这里需要特别指出的是，卡罗尔（1992，1997）、萨姆维克（1994）、卡罗尔和萨姆维克（1997）这些文献中的很多结论均支持这样的观点：消费者在工作时间进行缓冲存货储备，到 50 岁后开始为退休储蓄，因此大约在 50 岁之前的工作时间，家庭行为符合缓冲存货行为，但一旦退休后，家庭行为就会不同。因此我们从最开始就限定样本的年龄不超过 50 岁。虽然国外的证据证明退休后的行为不具备缓冲储备的行为特征，但对于这个年龄段的中国人

来说,因为子女普遍的啃老现象,同时自身面临着更大的收入不确定性和医疗支出的不确定性,因此还是有必要单独分析一下。按照同样的筛选方法,我们得到了640户50—64岁户主的家庭样本,下文第五节中也会做出检验。

二 样本描述性统计结果

关于筛选后样本的典型性问题,表4-2中做了均值统计分析。从均值数据来看,家庭年收入与家庭资产均呈现出逐年增长的趋势,反映出在我国经济增长的同时,人民生活水平也在逐步提高。由于CHNS中家庭资产数据不含金融资产,只有家庭实物资产和房产,所以出现了家庭资产低于家庭收入的情况。除了2009年全样本与315户样本的年收入均值和资产均值差异较大外,其他年份差异都在可控范围之内。315户作为分析样本基本可以代表CHNS的全样本数据。315户中城镇农村家庭对比后可以看出城乡收入一直存在着不小的差距。对比315户与640户家庭年收入均值,我们发现315户的家庭年收入均值在1997—2004年低于640户,而之后开始高于后者。而这种收入的生命周期特征也恰恰隐含地说明了缓冲存货的客观性。

表4-2　　　全样本均值与筛选样本名义值均值统计比较　　　单位:元

	1997年	2000年	2004年	2006年	2009年	2011年
全样本						
样本家庭户数	3838	4315	4339	4374	4440	5812
上年度家庭年收入均值	13243.1	15467.9	19096.8	23208.1	36811.9	48294.8
上年度家庭资产均值	8450.4	9515.8	10872.7	12202.2	16078.1	25902.8
315户						
上年度家庭年收入均值	11933.6	14936.4	20355.4	25206.6	43023.9	50597.5
上年度家庭资产均值	10451.7	9576.9	12129.5	15413.2	22570.4	27236.7

续表

	1997 年	2000 年	2004 年	2006 年	2009 年	2011 年
315 户中 71 户城镇						
上年度家庭年收入均值	15570.5	20547.4	22193.8	30602.8	49315.8	56417.8
上年度家庭资产均值	12830.3	8828.8	12460.4	15393.7	26207.4	30295.2
315 户中 244 户农村						
上年度家庭年收入均值	10875.3	13212.4	19779.2	23470.4	41015.8	48718.5
上年度家庭资产均值	9759.5	9794.7	12033.2	15418.8	21512.1	26346.7
640 户户主年龄在 50—64 岁的家庭						
上年度家庭年收入均值	13963.8	16562.3	21318.1	23664.6	38589.8	44419.6
上年度家庭资产均值	15725.3	7781.1	9419.5	12296.6	18242.9	19408.2

三 关键变量的选择及处理

（一）家庭财富 W

理论上，家庭财富应该是不含房产的家庭净资产期末余额，一般会用流动性较强的资产代替，如储蓄存款。但 CHNS 中不涉及银行存款的数据，有关家庭资产主要是房产及其他耐用品资产价值（如家电家具、交通工具、农业生产用具等），由于房产价值属于固定资产投资，因此结合各种实际情况，本章的各年度家庭财富为家庭资产总额减掉房产价值，这里及下面所有有关收入、资产的数据均以 1996 年为基期进行了物价平减。

（二）持久收入 P

持久收入的估算有多种方法，如直接用均值，或者用 OLS 的方法拟合，还有一种是根据相对稳定的经济地位来推算。这是布朗宁（Browning）和路萨迪曾在 1996 年使用过的一种方法，国内樊潇彦、袁志刚和万广华（2007）曾经借鉴过。该方法认为每个家庭的持久收入排名在整个社会中是非常稳定的，因此可以用相对稳定的经济地位来推算家庭的持久收入。具体办法是先算出历次调查中每个家庭的年收入与当年所有家庭年平均收入的比值，然后计算六个年份比值的平均值，再乘以每年所有家庭年收入的均值，得到各年度各家庭的持久收入，最后再求各年度持久收入的均值。文中同时采用人口统计学部分与收入相关的变量作为工具变量检验了该指标的稳健性，结果证明了这种方法可行。

在上述方法的基础上，本章更加细化了分组，根据1997年调查问卷中户主所属的10种不同职业分组，并计算10种职业六个年份间的平均实际收入，再用每年每个家庭的年收入除以每组每年平均收入，得到比值后计算六个年份的均值，再乘以每组每年的收入平均值，得到的数值作为每年的持久收入。再对每年的持久收入求均值，得出每个家庭在考察期内的持久收入。除了在整个社会中家庭有相对稳定的经济地位外，相同职业内部同样也有经济地位之分，如相同职业内职称和职位不同，人们的收入也会不同。利用职业分组的好处是缩小了样本范围，减小了单个家庭的样本误差。计算出的持久收入按职业分组后的均值见表4-3。

在计算出的每组各年度持久收入均值中，以2011年为例，最低的为农民、渔民和猎人，为14152.2元，最高的为办公室一般工作人员，为29856.3元，且高于管理者、行政官员或经理组四千多元，其他年份亦有高于管理者群体的情况。出现这种情况的原因可能是职业分组依据的是户主职业，而收入为家庭总收入，因此，接下来我们又对315户中每户在1997年数据中的平均人口统计学变量做了统计，并以户主职业分组，详见表4-4。其中：njob 是家庭中工作人口的数量；nm1 是家庭中有医疗保险人口的数量；ndw 是家庭中工作单位为政府机关、事业单位、国企的数量；aage 是家庭劳动人口平均年龄；aedu 是家庭劳动人口的平均最高受教育程度。

表4-3　　　　按户主职业分组的各年度持久收入均值　　　　单位：元

职业	1997年	2000年	2004年	2006年	2009年	2011年	Obs.
高级专业技术工作者（医生、教授、律师、建筑师、工程师等）	10265	33767.6	10721.2	10750.3	17510.6	20886.1	9
一般专业技术工作者（助产士、护士、教师、编辑、摄影师等）	12904.7	17732.4	14583.2	16831.2	22841.6	13252.5	12
管理者/行政官员/经理（厂长、政府官员、处长、司局长、行政干部及村干部等）	13219.8	16805.6	20629.9	21070.4	28705.6	25278.1	22
办公室一般工作人员（秘书、办事员）	12002.5	13300.3	15421.2	24863.4	21429.9	29856.3	19
农民、渔民、猎人	9916.6	9205.6	10952.4	10685.0	13941.5	14152.2	187
技术工人或熟练工人（工段长、班组长、工艺工人等）	17590	15748.45	15132.4	22226.3	21105.4	24056.1	13
非技术工人或熟练工人（普通工人、伐木工等）	5254.3	13158.9	13319.2	9857.3	20374.0	17022.7	23
士兵与警察	8992.6	10318.6	15299.0	11339.3	10912.6	11752.4	3
司机	18220.6	22356.5	16680.8	18412.8	25604.6	16885.9	15
服务行业人员（管家、厨师、服务员、看门人、理发员、售货员、洗衣工、保育员等）	21561.7	16833.6	9902.5	11890.8	14237.8	15319.2	12

我们发现，家庭劳动人口中工作单位为政府机关、事业单位、国企的数量变量ndw，以及家庭劳动人口的平均最高受教育程度变量aedu（调查数据中以数字1、2、3、4、5、6表示，学历越高，数值越大），办公室一般工作人员组均显著高于管理者组，而家庭劳动人口平均年龄要低于管理者组近2岁。另外，农民户主家庭在

nm1、ndw、aedu 三个方面均大大低于其他群体和均值，因此持久收入均值也一直处于较低水平。而服务行业群体的持久收入均值在各年份间波动很大，ndw 与 nedu 两项也是较低水平。综合以上分析我们可以得知，不同职业间户主工作单位和受教育程度是影响家庭收入的关键因素。

表 4-4　　按户主职业分组的家庭人口统计学变量均值

职业	njob	nm1	ndw	aage	aedu	Obs.
高级专业技术工作者（医生、教授、律师、建筑师、工程师等）	2	1.22	1.56	32.17	2.85	9
一般专业技术工作者（助产士、护士、教师、编辑、摄影师等）	1.92	1.08	1.58	32.29	2.85	12
管理者/行政官员/经理（厂长、政府官员、处长、司局长、行政干部及村干部等）	2	1.136	1.45	34.72	2.51	22
办公室一般工作人员（秘书、办事员）	1.947	0.842	1.789	32.88	3.044	19
农民、渔民、猎人	2.02	0.235	0.016	32.56	1.51	187
技术工人或熟练工人（工段长、班组长、工艺工人等）	1.85	0.923	1.31	33.39	2.23	13
非技术工人或熟练工人（普通工人、伐木工等）	1.87	0.826	1.30	33.78	1.93	23
士兵与警察	2.33	0.67	1.33	34.86	2.17	3
司机	1.67	0.8	0.47	31.09	1.93	15
服务行业人员（管家、厨师、服务员、看门人、理发员、售货员、洗衣工、保育员等）	1.75	0.83	0.42	31.24	1.67	12
整体均值	1.97	0.52	0.52	32.89	1.85	315

(三) 收入不确定性 ω

卡罗尔和萨姆维克（1998）证明了相对等价谨慎性溢价（REPP）与对数收入的方差（VARLY）是不确定性的良好衡量指标，并验证了它们与目标财富的函数关系。关于 REPP 的计算，卡罗尔（1994）是从金博尔（1990）所定义的直接测度不确定性的指标等价谨慎性溢价（EPP）开始的。等价谨慎性溢价是一个基于理论推导出的测度指标，但它的计算需要依赖消费的数据，要有相对风险厌恶系数的取值。假定消费服从随机分布，且围绕着消费的均值会有个乘性的冲击 X，则：

$$C = \overline{C}X \qquad (4-6)$$

假设 EPP 用 ψ 来表示，效用函数为 CRRA 形式时的定义式推导如下：

$$u'(\overline{C} - \psi) = E[u'(C)]$$
$$(\overline{C} - \psi) = [EC^{-\rho}]^{-(1/\rho)} = \overline{C}[E(X)^{-\rho}]^{-(1/\rho)} \qquad (4-7)$$
$$\psi = \overline{C}\{1 - [E(X)^{-\rho}]^{-(1/\rho)}\}$$

可以看出，平均消费与实际消费间有一个差额，这个差额是由影响消费支出各种因素带来的冲击决定的，因此我们可以说 EPP 衡量了不确定性直接导致的消费支出的减少，这个不确定性不管来源如何，不论其来源于收入还是支出，都导致了消费者的谨慎。

由于 CHNS 中没有消费的数据，如同 PSID 中的类似情况，因此借鉴卡罗尔（1994）的处理方法，用当期持久收入和实际收入分别来代替平均消费和实际消费，假设每个家庭 $C = Y$，即 i 家庭在每年 t 消费 Y_{it}，为独立同分布，则：

$$Y_{it} = \mu_{it} + \varepsilon_{it} \qquad (4-8)$$

则可以得到，考察期间 Y 的均值即平均消费为持久收入，

$$\hat{\mu}_{it} = P \qquad (4-9)$$

若消费确实等于收入，则每期：

$$MU = u'(Y_{it}) \quad (4-10)$$

则 t 年度待估计的收入冲击为：

$$\varepsilon_{it} = Y_{it} - \hat{\mu}_i \quad (4-11)$$

假定期望边际效用等于实际边际效用，则可进一步假定上式收入冲击在考察期间内分布不变，则有：

$$E[u'(Y_i)] = \frac{1}{6} \sum_{t=1997}^{2011} u'(Y_{it}) + \gamma_i \quad (4-12)$$

γ_{it} 为真实值与预期值的差，理性预期意味着：

$$E(\gamma_i) = 0 \quad (4-13)$$

则可用 $\frac{1}{6} \sum_{t=1997}^{2011} u'(Y_{it})$ 来估计 $E[u'(Y_i)]$。

假设效用函数为 CRRA 形式，ρ 为相对风险厌恶系数，则：

$$u(C) = \frac{C^{1-\rho}}{1-\rho} \quad (4-14)$$

$$u'(C) = C^{-\rho}$$

由于我们以上设定了 $C = Y$，因此 EPP 的估计如下：

$$u'(\hat{\mu}_i - \psi_i) = E[u'(Y_{it})] = (\hat{\mu}_i - \psi_i)^{-\rho}$$

$$\psi_i = \hat{\mu}_i - \left[\frac{1}{6} \sum_{t=1997}^{2011} (Y_{it})^{-\rho}\right]^{-\frac{1}{\rho}} \quad (4-15)$$

标准化后，得到 REPP 的表达式：

$$REPP = 1 - \left[\frac{1}{6} \sum_{t=1997}^{2011} (Y_{it})^{-\rho}\right]^{-\frac{1}{\rho}} / P \quad (4-16)$$

公式（4-16）的计算需要对相对风险厌恶系数取值，参照卡罗尔（1998），这里取值为3，即居民的平均风险厌恶水平处于中游水平。按上面公式计算的 REPP 值和家庭样本的对数收入方差 VARLY 按户主职业、受教育程度、医保状况分别汇总均值后见表4-5。

从职业分组来看，不论是 REPP 还是 VARLY，专业技术工作者、办公室一般工作人员等群体面临的不确定性较小，这些群体的工作岗位对应的专业技能要求较高，工作延续性程度较大，人员变动和流失较少，因此收入不确定性较小，这也恰恰是我们通常所认为的工作和收入都较稳定的群体。值得注意的是，农民群体的收入不确定性没有预想中高，要低于技术工人、司机及服务行业人员。众所周知，农民群体生活所需中一部分来源于自给自足，其他的生活费用开支也较低，使其对收入的依赖性较生活在城市中的几个群体要小，尤其是服务行业人员，他们从业的单位一般规模较小，专业技能要求不高，工作稳定性差，人员流失和更替频繁，造成了各类保险及补贴待遇等较难落实，因此也加剧了其收入的不确定性。从最高受教育程度分组来看，学历水平越低，不确定性越高，这与大部分文献中已证实的受教育程度与收入之间的关系相吻合。从户主医保状况来看，户主有医保的家庭收入不确定性显著低于户主无医保的家庭，可以看出，在1997年有医保的人群大多工作单位较稳定，因此收入不确定性程度较低。

表4-5　　　　　　　　　　不确定性指标分组均值

	REPP	*VARLY*	Obs.
户主职业			
高级专业技术工作者（医生、教授、律师、建筑师、工程师等）	0.381	0.067	9
一般专业技术工作者（护士、教师、编辑、摄影师等）	0.326	0.060	12
管理者/行政官员/经理（厂长、政府官员、处长、司局长、行政干部及村干部等）	0.431	0.086	22
办公室一般工作人员（秘书、办事员）	0.318	0.068	19
农民、渔民、猎人	0.375	0.099	187
技术工人或熟练工人（工段长、班组长、工艺工人等）	0.378	0.132	13
非技术工人或熟练工人（普通工人、伐木工等）	0.477	0.095	23
士兵与警察	0.327	0.055	3
司机	0.568	0.244	15
服务行业人员（管家、厨师、服务员、看门人、理发员、售货员、洗衣工、保育员等）	0.555	0.170	12

续表

	REPP	*VARLY*	Obs.
户主最高受教育程度			
小学毕业	0.423	0.115	58
初中毕业	0.413	0.108	160
高中毕业	0.377	0.093	62
中等技术学校、职业学校毕业	0.305	0.067	16
大专或大学以上毕业	0.339	0.071	5
户主医保状况			
无医保	0.411	0.116	236
有医保	0.356	0.069	79

（四）人口统计学变量的确定

通过上文的分析，户主在家庭消费及储蓄行为及实施过程中扮演了家庭代理人的角色，因此户主本身的特征变量将具有重要的影响。依据前文的数据分析，本章选择了户主最高受教育程度、工作单位类型、户主性别、年龄等变量。其中工作单位类型为虚拟变量，具体设置见表4-6。最高受教育程度中，小学毕业赋值为1，初中毕业赋值为2、高中毕业赋值为3、中等技术学校及职业学校毕业赋值为4，大专及以上毕业赋值为5。最高受教育程度、工作单位类型既反映了户主的收入状况，也是影响收入不确定性的重要因素，而对财富积累又没有直接影响，下文中将使用这两个变量，及这两个变量分别与年龄、年龄平方的交叉项来作为模型的工具变量。性别、年龄、年龄的平方将作为人口统计学变量参与分析。

表4-6　　　　　　　　　　人口统计学变量

变量名	变量解释	备注
工具变量		
edu	户主最高受教育程度	均值为2.12

续表

变量名	变量解释	备注
D1	D1 = 1 时表示工作单位类型为政府机关、事业单位和国有企业	取值为 1 时的样本数为 92
D2	D2 = 1 时表示工作单位类型为大集体企业	取值为 1 时的样本数为 28
D3	D3 = 1 时表示工作单位类型为小集体和私营个体	取值为 1 时的样本数为 22
人口统计学变量		
gender	gender = 1 表示性别为男	取值为 1 时的样本数为 301
age	1997 年调查所记载的年龄	均值为 30.62 岁
Age^2	年龄的平方	

第三节 预防性储蓄比例的模拟测算与分析

一 收入不确定性与家庭财富积累

从收入的原始数据，到持久收入和不确定性的计算，都不可避免会出现测量误差，因此在很大程度上会导致模型的内生性，致使估计结果出现偏误。而工具变量能很好地解决模型内生性的问题，本章使用的工具变量分别为户主最高受教育程度及其与年龄的交叉项，工作单位虚拟变量，及其与年龄平方的交叉项，以囊括不同工作单位和不同教育程度的人群中，不同年龄的收入与不确定性。下面的分析将分别使用 REPP 与 VARLY 及它们的对数值作为不确定性的替代变量，使用基准的回归方程（4-3），以上述变量作为不确定性与持久收入的工具变量，以性别、年龄、年龄的平方作为人口统计学变量，使用 stata 统计软件中的 ivreg2 命令进行估计，估计结果见表 4-7。

从估计结果中我们发现，四个方程中，以 VARLY 为不确定性代理变量的方程不确定性系数没有通过显著性检验、过度识别性检验和内生性检验，以 log*VARLY* 为不确定性代理变量的方程没有通过不可识别性检验，其他两个方程总体解释力都比较好，家庭持久收入与家庭面临的不确定性的系数都在5%水平下显著，两者对于家庭财富的积累都具有显著的正向影响，其中持久收入对家庭财富净增量的影响要比不确定性的影响大。性别和年龄的系数都是负数，年龄的平方的系数都为正数，这说明男性户主不善于财富积累，女性户主谨慎性更强一些，且随着年龄增长，财富累积的速度是逐渐递减的，并且递减速度在逐渐加快。年轻时为了增强对抗风险的能力，以较快的速度积累财富，而当财富慢慢越积越多时，速度自然就会放慢。这也是缓冲存货模型所揭示的现实经济生活中居民的储蓄行为模式。然而遗憾的是，这些变量都不显著。

表4-7 收入不确定性与家庭财富的工具变量回归总体估计结果

log*W*	方程一	方程二	方程三	方程四
log*P*	1.03（0.000）	1.066（0.000）	0.996（0.000）	1.387（0.000）
REPP	0.908（0.011）	—	—	—
VARLY	—	0.856（0.126）	—	—
log*REPP*	—	—	0.838（0.008）	—
log*VARLY*	—	—	—	0.462（0.013）
gender	-0.063（0.465）	-0.025（0.784）	-0.059（0.518）	-0.057（0.559）
age	-0.105（0.209）	-0.085（0.257）	-0.096（0.284）	-0.074（0.370）
Age^2	0.002（0.281）	0.001（0.354）	0.001（0.379）	0.001（0.505）
constants	0.963（0.448）	0.769（0.516）	1.772（0.204）	0.056（0.966）
Kleibergen-Paap rk LM statistic	14.010（0.051）	12.335（0.090）	14.404（0.044）	10.847（0.146）
Kleibergen-Paap rk Wald F statistic	7.247（20%）①	4.960（30%）	6.752（20%）	4.795（30%）

① 本行括号内表示弱工具变量检验中 F 统计量大于对应显著水平的临界值。

续表

$\log W$	方程一	方程二	方程三	方程四
Hansen J statistic	6.577 (0.362)	13.587 (0.035)	4.147 (0.657)	6.441 (0.376)
Endogeneity test	5.030 (0.081)	2.573 (0.276)	6.797 (0.033)	4.960 (0.084)
Obs.	314	314	313	314

注：除另作说明，括号内均为 p 值，下文同。

我国城乡经济发展不平衡，居民生活模式、社会保障等也都存在较大差异，下面将按照调查问卷记录的采访地点分城乡、用 $REPP$ 及其对数值作为不确定性的代理变量对上述问题再行考察，估计结果见表 4-8。我们可以看到，城镇的样本数较少，这也在一定程度上影响了估计结果。城镇样本中 $REPP$ 及其对数值的估计系数都没有严格通过显著性检验，工具变量也没有通过不可识别性检验和弱工具变量检验。而农村样本中方程四的各项检验指标均显示良好，农村居民面临的不确定性对于财富积累的影响要远远高于城镇居民。据 1997 年样本数据统计，315 户户主中 79 人有医疗保险，其中 30 人为城镇居民，占城镇样本比例的 42.2%；49 人为农村居民，仅占农村样本的 20.1%。可以看出，影响城乡居民预防性储蓄行为的因素之一是城乡社会保障程度不同。另外，以 1997 年为例，城镇样本的家庭平均收入为 15570.55 元，农村样本为 10875.30 元，因此也不难理解回归结果中农村样本不确定性的系数为何高于持久收入了。一方面农村居民收入水平较低，另一方面农村家庭收入差距较城镇小，一旦有家庭成员丧失劳动能力，收入就会面临巨大风险，因此农村家庭财富积累的推动因素主要为谨慎性的预防性储蓄。

表4-8　　　　　分城乡的收入不确定性与家庭财富的
工具变量回归总体估计结果

$\log W$	城镇		农村	
	方程一	方程二	方程三	方程四
$\log P$	1.272（0.000）	1.131（0.000）	1.102（0.000）	1.074（0.000）
REPP	0.602（0.112）	—	1.601（0.013）	—
logREPP	—	0.677（0.093）	—	1.110（0.011）
gender	-0.044（0.709）	-0.020（0.847）	-0.349（0.072）	-0.406（0.096）
age	-0.058（0.806）	-0.125（0.565）	-0.146（0.184）	-0.093（0.400）
Age^2	0.001（0.814）	0.002（0.591）	0.002（0.225）	0.001（0.501）
constants	-0.810（0.819）	1.425（0.654）	1.241（0.453）	1.917（0.279）
Kleibergen-Paap rk LM statistic	4.921（0.554）	3.476（0.747）	8.821（0.266）	12.269（0.092）
Kleibergen-Paap rk Wald F statistic	0.779	0.573	16.825（10%）	7.075（20%）
Hansen J statistic	2.507（0.776）	2.732（0.741）	4.871（0.560）	3.888（0.692）
Endogeneity test	4.634（0.098）	4.865（0.088）	2.627（0.269）	5.342（0.094）
Obs.	71	70	243	243

二　预防性储蓄比例的模拟测算

正如其定义，预防性储蓄是无法直接观测的。上文我们得到了家庭收入不确定性与家庭财富积累的关系，下面我们将使用方程的估计值，尝试模拟财富积累如何随着收入不确定性的变化而变化。卡罗尔和萨姆维克（1998）分别模拟计算了当所有家户所面临的收入不确定性降至真实值的0、10%、25%、50%时，整个样本加总后的财富百分比变化。根据公式（4-5）及前文分析方法，我们也分别使用REPP与logREPP的估计系数模拟得到如下结果，见表4-9。当REPP被设置为0时，居民不面临任何收入风险，这个时候财富积累会有55.29%的下降，也就是说，收入不确定性由0

上升为原值时,增加的财富值为理论上的预防性储蓄,这是由预防性储蓄的定义和本质决定的,这部分预防性储蓄占实际收入不确定性下实际财富的比例,即我们要研究的预防性储蓄的重要性,或者简单地说就是预防性储蓄的比例。当然现实中,不确定性为 0 仅仅是一个理想的情况,更实际的是使不确定性变小。那么我们按照上述思路,设置 REPP 为实际值的某个比例再行模拟。当 REPP 被设置为实际值的 10%、30%、50% 时,分别计算出的预防性储蓄比例为 52%、44.34%、34.92%。用 logREPP 计算的结果比用 REPP 稍低几个百分点。

这意味着,居民面临的不确定性降低一半时,能释放出 34.92% 的财富用于消费。说明当前阶段我国消费不足很大程度上是由预防性储蓄引起的。

表 4-9　　收入不确定性下降及对应的家庭财富积累的减少比例模拟

单位:%

当不确定性下降为原值的该比例	REPP 计算的预防性储蓄比例	logREPP 计算的预防性储蓄比例
0	55.29	50.91
10	52.00	47.84
30	44.34	40.78
50	34.92	32.17

然而,考虑到我国城乡发展的不均衡现状,我们还要进一步地分别研究城乡居民的预防性储蓄行为的差异。因城镇样本估计结果不理想,我们只模拟了农村样本,并通过与总体样本模拟结果的比较,来大致推测城镇样本的情况。这里用到了表 4-8 中方程四 logREPP 的估计系数值。得出的结果见表 4-10。

表 4 – 10　　　　　　　农村预防性储蓄比例的模拟　　　　　单位：%

当不确定性下降为原值的该比例	农村样本 log*REPP* 计算的预防性储蓄比例
0	58.80
10	55.72
30	48.39
50	39.06

可以看到，农村居民的预防性储蓄比例高达 58.8%，而总体样本中同变量计算的比例只有 50.91%，因此可以大致推测，农村居民预防性储蓄的比例在每种情况下都比城镇居民高。我国城乡居民从收入、社会保障到消费观念均存在很大程度的差异，无疑导致城乡居民的预防性储蓄行为的差异，而具体的作用机制还需要今后进一步的数据佐证。

第四节　稳健性检验

现在我们以 $REPP$ 作为不确定性的代理指标，从三个方面用五个计量方程对上文表 4 – 7 中的计量结果进行稳健性检验。首先是改变样本，逐步去掉不确定性最高的两种职业群体；其次是变更估计过程中用到的工具变量，变户主个人的变量为家庭平均变量；第三种是改变 $REPP$ 计算公式中的相对风险厌恶系数 ρ 的取值，进而得到不同的 $REPP$ 值。得出的结果详见表 4 – 11。

表 4 – 11　　　　　　　　　　稳健性检验

	REPP 系数	标准误差	Obs.
基准模型	0.908 (0.012)	0.362	314
去掉户主职业为服务人员的家庭	0.923 (0.008)	0.347	302
去掉户主职业为司机、服务人员的两种家庭	0.697 (0.066)	0.379	287

续表

	REPP 系数	标准误差	Obs.
变更工具变量	0.761（0.052）	0.392	314
当 $\rho=1$ 时计算的 REPP	0.946（0.024）	0.418	314
当 $\rho=5$ 时计算的 REPP	0.929（0.011）	0.365	314

在基准模型的基础上，去掉户主职业为服务人员的12户家庭后，REPP 的估计系数略微升高，而继续去掉15户户主职业为司机的家庭后，REPP 估计系数大幅降低，而这两种职业的 REPP 值在所有职业中是最高的，在对他们的收入情况进行统计后发现，服务人员群体的收入在2000年以后一直处于较低的水平，而司机群体的收入波动性很大，在2000年、2004年、2009年的平均收入水平位列所有职业中第二，而2006年、2011年分别是第四、第六。这两种职业，尤其是司机群体，收入不确定性本身较高的同时，不确定性对家庭财富积累的影响同样较高。

工具变量的确定本来也不是单一的。文中使用的是户主个人的受教育程度、工作单位类型等，但有的文献认为户主个体变量在说明整个家庭的消费及储蓄行为时显得不足，应使用家庭平均的变量。因此这里以家庭工作人口的数量、家庭平均受教育程度及其与年龄、年龄平方的乘积作为新的工具变量。得出的估计系数值为0.761，同样也在10%的显著性水平下显著。

REPP 计算中用到了相对风险厌恶系数的取值，虽然取值为3也是参考了权威文献，但毕竟用这个取值去度量风险偏好的话客观性不够，在找到更好的办法之前，我们不妨变换一下这个取值，另取两个3上下的数值进一步考察其稳健性。当取值为1，即风险厌恶程度较低时，我们得出的 REPP 估计系数值为0.946；当取值为5，即风险厌恶程度较高时，得出的估计系数值为0.929，均与取值为3时的基准模型估计系数值0.908差别不大，且都显著。三种方法均证明了原方程的稳健。

第五节 年老户主家庭的缓冲存货行为检验

缓冲存货理论认为，消费者在工作时间进行缓冲存货储备，到50岁后开始为退休储蓄，因此大约在50岁之前的工作时间家庭是服从缓冲存货行为的，但是超过退休年龄行为就会出现差异。虽然国外的证据证明退休后的行为不具备缓冲储备的行为特征，但对于这个年龄段的中国家庭户主来说，普遍存在着子女啃老的现象，同时自身面临着更大的收入不确定性和医疗、养老支出的不确定性。东、西方文化及制度等方面的不同，使得我们有理由去单独检验一下我国50—64岁户主的居民家庭是否具有缓冲存货的行为特征。持久收入、不确定性、家庭财富、人口统计学变量及计量估计方法均同上文。

一 关键变量的选择及处理

按上文方法，我们计算了640户按户主职业分组的持久收入的均值，见表4-12。首先说明一点，服务行业人员2009年均值之所以如此之高，是因为其中一户收入达401913元，拉高了均值。在计算出的每组各年度持久收入均值中，以2011年为例，最低的是农民、渔民和猎人，为13162.12元，最高的是司机，为21713.19元（数值最高的军官与警官因样本太少，不具有典型性，不予考虑），整体均值水平比年轻户主家庭要低。办公室一般人员持久收入高于管理者，非技术工人或熟练工人高于技术工人或熟练工人。参照前文分析思路，接下来我们又对640户中每户在1997年数据中的平均人口学变量做了统计，并以户主职业分组，详见表4-13。其中：njob是家庭中工作人口的数量；nm1是家庭中有医疗保险人口的数量；ndw 是家庭中工作单位为政府机关、事业单位、国企的数量；aage 是家庭劳动人口平均年龄；aedu 是家庭劳动人口的平均最高受教育程度。

表 4-12　　　　年老户主家庭样本按户主职业分组的各年度持久收入均值

职业	1997 年	2000 年	2004 年	2006 年	2009 年	2011 年	Obs.
高级专业技术工作者（医生、教授、律师、建筑师、工程师等）	14481.03	16877.55	17363.15	19133.81	21174.5	22475.49	20
一般专业技术工作者（助产士、护士、教师、编辑、摄影师等）	16633.87	14813.61	19317.44	20385.67	15972.56	17405.16	11
管理者/行政官员/经理（厂长、政府官员、处长、司局长、行政干部及村干部等）	17118.04	17647.72	15814.53	15874.37	16462.63	16216.95	49
办公室一般工作人员（秘书、办事员）	15444.19	16232.9	21435.02	16357.69	19568.87	19283.78	14
农民、渔民、猎人	12507.71	11921.05	10883.95	10392.95	12270.76	13162.12	407
技术工人或熟练工人（工段长、班组长、工艺工人等）	16807.65	15236.64	19542.09	16416.71	21011.16	13277.78	44
非技术工人或熟练工人（普通工人、伐木工等）	13457.02	15122.41	13505.93	12779.92	14749.86	17000.31	51
军官与警官	9936	19014.2	19615.15	10380.15	24401.91	22457.76	1
士兵与警察	19808	18872.18	12445.89	12366.24	14932.22	13941.46	3
司机	21521.5	17683.97	20474.85	11937.62	14319.72	21713.19	14
服务行业人员（管家、厨师、服务员、看门人、理发员、售货员、洗衣工、保育员等）	20080.87	24850.51	19701.55	21659.09	47193.85	20557.44	26

表 4-13　　　　　年老户主家庭样本按户主职业分组的
　　　　　　　　　　家庭人口统计学变量均值

职业	njob	nm1	ndw	aage	aedu	Obs.
高级专业技术工作者（医生、教授、律师、建筑师、工程师等）	1.95	1.6	1.7	38.79	3.26	20
一般专业技术工作者（助产士、护士、教师、编辑、摄影师等）	2.36	1.27	1.73	37.17	2.95	11
管理者/行政官员/经理（厂长、政府官员、处长、司局长、行政干部及村干部等）	2.29	0.96	1.39	37.71	2.04	49
办公室一般工作人员（秘书、办事员）	2.29	1.93	2.36	36.31	2.58	14
农民、渔民、猎人	2.72	0.40	0.14	37.38	1.25	407
技术工人或熟练工人（工段长、班组长、工艺工人等）	2.05	1.39	1.20	38.85	1.90	44
非技术工人或熟练工人（普通工人、伐木工等）	2.12	1.24	1.29	38.51	1.67	51
军官与警官	2	2	2	42.4	4	1
士兵与警察	3	1	1	36.99	1.7	3
司机	2.07	0.43	0.64	37.19	1.69	14
服务行业人员（管家、厨师、服务员、看门人、理发员、售货员、洗衣工、保育员等）	2.42	0.81	0.81	35.91	1.64	26
整体均值	2.53	0.69	0.57	37.56	1.54	640

我们发现，家庭劳动人口中工作单位为政府机关、事业单位、国企的数量，家庭中有医疗保险人口的数量，以及家庭劳动人口的平均最高受教育程度（调查数据中以数字表示，学历越高，数值越大），办公室一般工作人员组均显著高于管理者组；家庭中工作人口的数量，以及家庭中工作单位为政府机关、事业单位、国企的数量，非技术工人组显著高于技术工人组。总体来看，年老户主家庭

第四章 中国居民家庭预防性储蓄比例的测度

的持久收入均值较年轻户主家庭偏低，各个职业间所反映出来的情况相似。

接下来我们按照上文方法计算了 REPP 值（相对风险厌恶系数取值为 3）和 VARLY 值。计算得出的 REPP 值和标准化后的家庭样本的对数收入方差 VARLY 按户主职业、受教育程度、医保状况分别汇总均值后见表 4-14。从职业分组来看，不论是 REPP 还是收入对数的方差，专业技术工作者、办公室一般工作人员等组别面临的不确定性较小，这也恰是我们通常认为的工作和收入都较稳定的群体。农民、工人、司机及服务行业人员是不确定性最高的群体，这几个群体工作及收入的稳定性差，各类保险及补贴待遇等较难落实，加剧了其收入的不确定性。从最高受教育程度分组来看，学历水平越低，不确定性越高，这与大部分文献中已证实的受教育程度与收入之间的关系相吻合。从户主医保状况来看，户主有医保的家庭收入不确定性显著低于户主无医保的家庭，这两个方面与年轻户主家庭相似。

表 4-14　　　　年老户主家庭样本不确定性指标分组均值

	REPP	VARLY	Obs.
户主职业			
高级专业技术工作者（医生、教授、律师、建筑师、工程师等）	0.325	0.128	20
一般专业技术工作者（助产士、护士、教师、编辑、摄影师等）	0.325	0.247	11
管理者/行政官员/经理（厂长、政府官员、处长、司局长、行政干部及村干部等）	0.380	0.082	49
办公室一般工作人员（秘书、办事员）	0.344	0.061	14
农民、渔民、猎人	0.453	0.111	407
技术工人或熟练工人（工段长、班组长、工艺工人等）	0.452	0.116	44
非技术工人或熟练工人（普通工人、伐木工等）	0.473	0.109	51

续表

	REPP	VARLY	Obs.
军官与警官	0.224	0.029	1
士兵与警察	0.451	0.068	3
司机	0.468	0.104	14
服务行业人员（管家、厨师、服务员、看门人、理发员、售货员、洗衣工、保育员等）	0.530	0.144	26
户主最高受教育程度			
小学毕业	0.500	0.126	208
初中毕业	0.421	0.103	206
高中毕业	0.405	0.109	92
中等技术学校、职业学校毕业	0.172	0.024	22
大专或大学以上毕业	0.197	0.027	6
户主医保状况			
无医保	0.462	0.116	464
有医保	0.393	0.100	176

关于人口统计学变量，确定方法同年轻户主样本，详见表 4 – 15。可以看出年老户主的平均受教育程度只有 1.59，普遍低于年轻户主 2.12 的均值水平。其余样本数均与年轻户主样本相当。这和新中国成立后我国居民受教育程度的状况不无关系。

表 4 – 15　　　年老户主家庭样本人口统计学变量的确定

变量名	变量解释	备注
A12	户主最高受教育程度	均值为 1.59
D1	D1 = 1 时表示工作单位类型为政府机关、事业单位和国有企业	取值为 1 时的样本数为 175
D2	D2 = 1 时表示工作单位类型为大集体企业	取值为 1 时的样本数为 59
D3	D3 = 1 时表示工作单位类型为小集体和私营个体	取值为 1 时的样本数为 66
marry	marry = 1 时表示婚姻状况为在婚	取值为 1 时的样本数为 610

续表

变量名	变量解释	备注
gender	gender = 1 表示性别为男	取值为 1 时的样本数为 583
age	1997 年调查所记载的年龄	均值为 42.75 岁
Age^2	年龄的平方	

二 年老户主家庭缓冲存货行为的验证结果与分析

同样是由于持久收入及不确定性的估算中都不可避免存在测量误差，因此这部分的估计仍然采用工具变量方法。采用相同的工具变量进行估计后结果见表 4-16。从估计结果中我们发现，四个方程中持久收入系数均高度显著，而不确定性系数均为负，且不显著。说明我国年老户主家庭储蓄的主要推动因素为收入，作用约为年轻户主家庭的两倍。这部分家庭所面临的不确定性对财富积累有显著的负影响。此时当年老户主家庭在面临不确定性时，即预期未来的情况会变差时，按照缓冲存货理论，消费者应该会减少当前的消费而增加储蓄，然而，他们不再像年轻户主家庭那样储蓄更多，而是会动用年轻时期的缓冲存货来平滑消费支出。因此我们可以断定，我国年老户主的家庭储蓄行为不符合缓冲存货的行为特征。

其他显著性指标里，年轻户主和年老户主家庭的性别 gender 影响方向相异，即随着年龄的增长及收入影响效果增强，年老男性户主的储蓄行为发生了反转性变化，应该与退休后男性户主社交活动锐减有关。

表 4-16　　　年老户主样本收入不确定性与家庭财富的
工具变量回归估计结果

log W	方程一	方程二	方程三	方程四
log P	2.131 (0.000)	2.208 (0.000)	2.106 (0.000)	2.083 (0.000)
REPP	-0.373 (0.230)	—	—	—

续表

$\log W$	方程一	方程二	方程三	方程四
VARLY	—	-1.318（0.214）	—	—
$\log REPP$	—	—	-0.234（0.298）	—
$\log VARLY$	—	—	—	-0.194（0.235）
gender	0.148（0.030）	0.148（0.059）	0.148（0.028）	0.148（0.027）
marry	-0.058（0.582）	-0.076（0.485）	-0.046（0.660）	-0.047（0.652）
age	0.047（0.708）	0.102（0.454）	0.044（0.719）	0.049（0.684）
Age^2	-0.001（0.705）	-0.001（0.457）	-0.001（0.716）	-0.001（0.685）
constants	-5.927（0.038）	-7.447（0.015）	-6.044（0.031）	-6.209（0.024）
Kleibergen-Paap rk LM statistic	37.473（0.000）	18.218（0.011）	40.512（0.000）	33.570（0.000）
Kleibergen-Paap rk Wald F statistic	23.560（5%）	6.947（20%）	16.810（10%）	18.105（5%）
Hansen J statistic	5.224（0.515）	4.772（0.573）	5.481（0.484）	5.170（0.522）
Endogeneity test	56.053（0.000）	52.580（0.000）	55.302（0.000）	54.228（0.000）
Obs.	639	639	639	639

第六节 本章小结

本章在缓冲存货模型的框架下，使用大型微观家庭面板数据——中国健康与营养调查（CHNS）验证了城乡居民的预防性储蓄行为。结果证明我国年龄在50岁以下的工作人口符合缓冲存货模型的行为特征，即在工作时间进行缓冲存货储备，到50岁后开始为退休储蓄，因此大约在50岁之前的工作时间，家庭是服从缓冲存货模型的行为特征的，但是，超过退休年龄行为就会不同，这也和处于生命周期的不同阶段有关。

首先，探讨了家庭收入不确定性与家庭财富积累的关系。总体来看，家庭持久收入与家庭面临的不确定性两者对于家庭财富的积累都具有显著的正向影响，其中持久收入对家庭财富净增量的影响要比不确定性的影响大。分城乡来看，农村居民面临的不确定性对于财富积累的影响要远远高于城镇居民，且农村样本中不确定性的系数也高于持久收入，农村家庭财富积累的主要推动因素为预防性储蓄。

其次，进一步用倒推法测算了总体样本及城乡子样本的预防性储蓄的比例。在假设不确定性完全消除后，总体样本计算出的比例为51%—55%，当然，现实中收入不确定性可以降低，但很难完全消除。当收入不确定性降低一半时，能释放出32%—35%的财富用于消费。分城乡来看，农村居民预防性储蓄的比例均高于总体样本，当收入不确定性降低一半时，农村能释放出39%，隐含地说明农村消费市场的潜力更大。

第三，稳健性检验分别从改变样本容量、变更工具变量、更改参数值三个渠道展开。首先是改变样本，逐步删除收入不确定性较高的群体，收入不确定性本身较高的样本，其不确定性对家庭财富积累的影响同样较高。其次是变更估计过程中用到的工具变量，变户主个人的变量为家庭平均变量。第三种是改变 $REPP$ 计算公式中的相对风险厌恶系数 ρ 的取值，进而得到不同的 $REPP$ 值用于估计。这三种稳健性检验的方法得出的估计系数都是显著的，也证明了原方程是稳健的。

第四，户主年龄在50—64岁的家庭储蓄行为不符合缓冲存货理论。这些家庭的持久收入整体比相同职业的年轻户主家庭偏低，家庭所面临的不确定性对财富积累有显著的负影响。此时年老家庭在面临不确定性时，会动用年轻时期的缓冲存货来平滑消费支出。

总之，居民家庭储蓄中有近一半是预防性储蓄，收入的不确定性对于居民的消费和储蓄行为具有很关键的影响，城乡居民的储蓄行为也存在较大差异。因此降低居民收入的不确定性、缩小城乡差距可以成为扩大内需的下一个政策着力点。

第五章　制度变革下居民家庭预防性储蓄行为及生命周期特征分析

前文分析中我们得到了这样的结论，在 1997—2011 年，不确定性的增加会导致家庭储蓄财富增长，居民家庭的预防性储蓄占到了家庭财富的一半左右。而所使用的 *REPP* 指标，对不确定性的度量直接从其定义出发，代表了不确定冲击带来的当期消费相对于持久收入的减少，而消费减少的另一个方面就是储蓄的增加。其中由不确定性带来的预防性储蓄增加里，既有收入不确定性的作用，又有支出不确定性的原因。如医疗保险会部分地对居民的医疗费用进行补偿，从而理论上减少了居民在医疗支出上面临的不确定性，进而减少预防性储蓄。然而这段时间里我国恰处于转轨时期，医疗保险、养老保险、住房制度等均经历了不同程度的变革，那么在此期间的各个阶段，居民的预防性储蓄行为存在着怎样的异质性呢？其他因素又是怎样影响着居民家庭储蓄行为的呢？这些原因又都是在多大程度上引起的呢？带着这些问题，本章将根据实际情况，把样本分为城镇和农村，以区别制度环境、金融环境、社会保障环境的不同带来的差异，分别研究同一样本不同生命周期阶段预防性储蓄行为的特征及影响因素。

第五章 制度变革下居民家庭预防性储蓄行为及生命周期特征分析

第一节 制度变革下的家庭预防性储蓄行为

家庭储蓄行为虽然属于家庭微观决策的范畴，与家庭收入、职业、受教育程度、少儿抚养、老年赡养等状况息息相关，然而每一个微观家庭的决策却总是处在宏观的制度环境之中，因此国家体制改革也会影响到微观家庭的储蓄行为。在我们可得的样本期1997—2011年，我国正处于转轨时期，其间经历了城镇职工医疗保险的全面推进、养老保险的建立、新型农村合作医疗保险的试点和全覆盖、城镇居民医疗保险的建立等社会保障制度的变革，以及住房制度、教育制度等事关民生的各项制度变革。

而与家庭储蓄行为相关的各项关键政策及现象在1997—2011年发生了很大的变化。居民家庭不仅面临着收入不确定，还面临着诸如医疗问题、住房问题、养老问题、教育问题等可能带来的支出不确定。我们按常规来推测，随着各项改革及政策的完善，各项支出及保障渐渐都可预期，居民支出的不确定性会渐渐变小。然而，这些政策是否如我们所推测的那样，降低了居民的支出不确定性，进而影响家庭储蓄行为呢？再者，各项政策落实时间又各不相同，是否各个时期不同政策的缓解效果也不同呢？为了解决这个疑惑，我们接下来将分别检验各年度居民家庭的预防性储蓄行为，以及养老保险、医疗保险的缓解效果。

有关消费信贷、流动性约束与预防性储蓄的关系，因为在目前的我国，消费信贷的可得程度往往不是取决于金融市场的自由程度，而是关乎个人信用状况、收入情况、职业、工作单位等个人特征，以及货币供给量、存款准备金率等宏观状况。缓冲存货模型中，流动性约束被内生化了，也就是说，当消费者面临流动性约束时，或者预期将来会面临时，其最佳选择不是借贷，而是储蓄。符合缓冲存货行为特征的消费者是通过增加缓冲储备来缓解未来的流动性约束的。因此，虽然流动性约束是内生的，但消费者对于流动性约束的预期也会引起谨慎性的高低变化。而流动性约束又是支出不确定性与收入不确定性的综合结果，因此，下文模型中我们不再单独考虑流动性约束因素。

第二节 数据描述及关键变量的选择

一 微观数据样本的形成

本章旨在分析1997—2011年各调查年度我国居民的预防性储蓄行为，是对上一个章节更进一步的深入，因此数据仍然是中国健康与营养调查（CHNS）1997年、2000年、2004年、2006年、2009年、2011年六个调查年份的数据，用到的具体指标除了上一章所涉及的各年度家庭资产总额、房产价值、家庭年收入以及各类人口统计学变量（如婚姻状况、所在省份、城镇农村、最高受教育程度、性别、阳历出生年、职业、职位类型、工作单位、有无医保等信息）外，还包括退休金、家庭人口数、家庭少儿抚养比和老年赡养比、家庭成员是否患有慢性病等。为了使得各年份之间具有可比性，本章选择了相同的家庭样本。在上一章节，经过匹配、去除关键变量缺失及其他由人口统计学因素的变动造成的干扰，经筛选我们最终得到了315户典型的家庭平衡面板，我们接下来仍然以这315户典型家庭为分析对象来形成各年度样本，以检验各年度间预防性储蓄行为的异质性，以及伴随着户主年龄增长所呈现出的生命周期特征。

二 关键变量的选择及说明

（一）家庭财富 W

解垩（2010）在考察医疗保险与预防性储蓄关系时，使用的家庭储蓄变量为家庭总收入减去家庭支出，然而，CHNS中家庭支出仅仅为婚礼嫁娶支出、教育支出、照料孩子的支出，并不包括其他消费项目，因此这里的家庭储蓄变量不仅仅包括现金、银行存款等储蓄性质的财富，还包括一部分家庭衣食住行等消费项目，而消费与储蓄又是两个方向相反的变量，使用同时包含消费和储蓄的变量作为家庭储蓄的替代变量，这种处理难免偏颇。由于CHNS中不涉及银行存款的数据，有关家庭资产主要是房产及其他耐用品资产价值（如家电家具、交通工具、农业生产用具等），而房产价值属于固定资产投资，因此结合各种实际情况，与上一章节相同，本章的各年度家庭财富＝家庭资产总额－房产价值。此处及下面所有有关收入、资产的数据均以1996年为基期进行了物价平减。

（二）持久收入 ep

上一章节，我们估算1997—2011年整个期间的持久收入时，使用了一种根据相对稳定的经济地位来推算的估算方法，具体是根据调查问卷中户主所属的10种不同职业分组，并计算10种职业六个年份间的平均实际收入，再用每年每个家庭的年收入除以每组每年平均收入，得到比值后计算六个年份的比值均值，再乘以每组每年的收入平均值，得到的数值作为每年的持久收入。再对六个年份的持久收入求均值，得出每个家庭在考察期内的持久收入。因为上一章节旨在计算整个期间的持久收入水平，而本次需要的估算数据是每个年度的持久收入，因此，缺少了时间维度，单纯用职业分组的持久收入不免会有更大偏差。为了修正这些偏差，各年度的持久收入计算中加入了工作单位分组和最高教育程度分组用上述相同方法计算得到的持久收入值，再对三组持久收入值进行平均，得到最终的各年度持久收入值 ep。

图5-1为各年度样本持久收入均值，1997年度调查数据样本的持久收入均值为12077.92元，之后逐年稳步上升，到2006年为23410.27元，2009年收入大幅上升，达到35524.22元，2011年为40885.67元。我国经济在此期间高速增长，居民收入水平不断提高，生活水平得到显著改善。

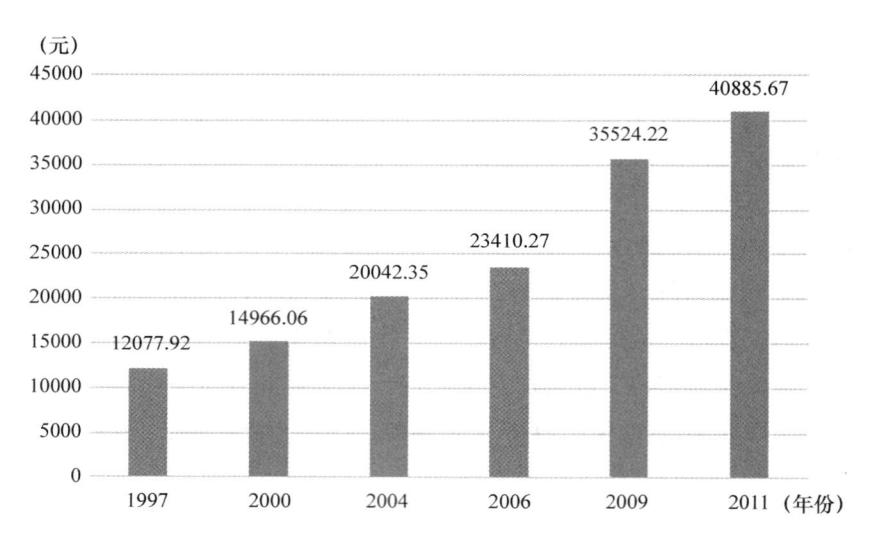

图 5-1　各调查年度持久收入均值

图 5-2、图 5-3、图 5-4 分别是按照不同分组计算的持久收入均值情况。在 CHNS 调查问卷中，共涉及 13 类职业，9 种工作单位所有制类型，5 种最高受教育程度，也就是说，我们把每个年度的样本分为了 27 组，每个家庭分别属于其中的三个组。为了便于在图表中呈现，我们选择了 1997 年、2004 年、2011 年三个调查年度，这三个年度恰好等差为 7 年，便于比较分析。每个分组中数目小于 3 的予以略掉。图 5-2 是按照户主所属职业的分组，可以看出在这几年间每种职业分组下的持久收入都是在上升的，然而变化幅度又各不相同，且各群体间的收入差距有拉大趋势。高级专业技术工作者在 1997 年还处于收入较低的水平，2004 年有所改善，2011 年变成收入最高的群体，侧面反映出这十几年来我国对于高等技术专业人才的重视和倾斜。

管理者的收入水平变化也比较明显，从 1997 年、2004 年的较高水平到 2011 年的较低水平，甚至在 2011 年出现低于一般工作人员群体的现象。出现这种情况的原因可能是职业分组的依据是户

第五章 制度变革下居民家庭预防性储蓄行为及生命周期特征分析

主,而收入却为家庭总收入。鉴于此,接下来我们仍然以户主职业分组,对每户家庭的平均人口学变量做了统计,发现家庭劳动人口中工作单位为政府机关、事业单位、国企的数量,以及家庭劳动人口的平均最高受教育程度,一般工作人员组均显著高于管理者组,而家庭劳动人口的平均年龄要低于管理者组近两岁。

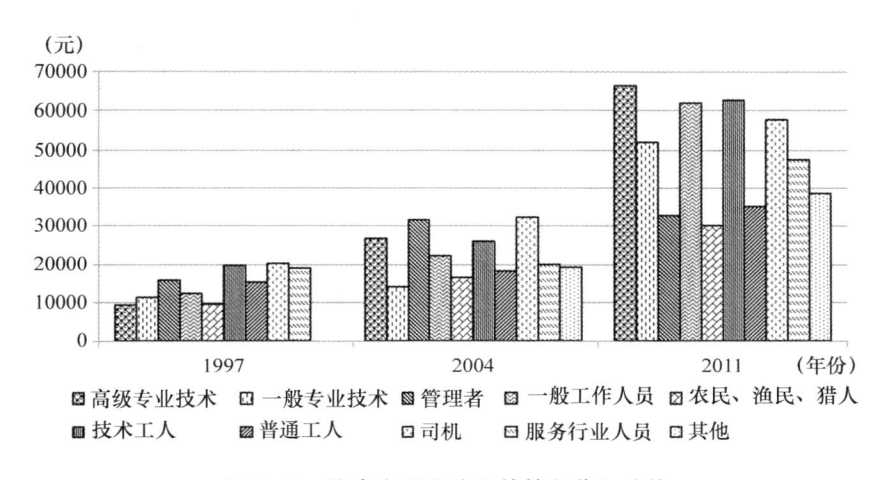

图 5-2 按户主职业分组的持久收入均值

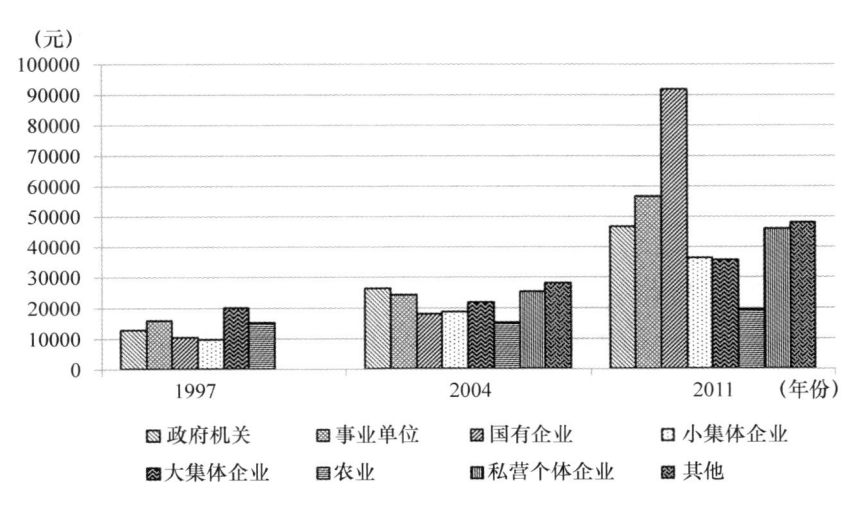

图 5-3 按户主工作单位分组的持久收入均值

农民、渔民、猎人等群体收入水平多年来虽有所上升，但一直处于最低的水平，且差距有拉大的趋势，十几年间城乡收入差距并没有显著改善。

司机及技术工人收入水平显著高于一般工人，且一直处于较高的水平。而服务行业人员在1997年的收入水平还处于较高水平，随着服务业不断扩大及从业人员数量不断增多，众多生活型服务业的出现，拉低了服务行业人员的平均收入，2004年开始已经失去了领先优势。

图5-3是按户主工作单位分组的持久收入均值，可以发现1997年私营个体企业从业人数不足3人，因此图中没有显示出来。三个年份中收入最高的群体分别为大集体企业、政府机关、国有企业。据南国都市报2011年1月20日载，私营企业、集体企业和国有企业员工的年平均工资比为0.52∶0.6∶1，与我们2011年度调查样本持久收入情况基本相似。这与当时中小企业、个体工商户的税负过高有关。各工作单位群体间收入差距十几年间有扩大趋势，农业人口收入仍处于较低水平。

图5-4为按户主最高受教育程度分组的持久收入均值。户主受教育程度越高，持久收入水平越高，受教育程度决定了收入水平。和前两种分组类似，各不同受教育程度的组别间收入差距也有拉大趋势。最高受教育程度为大专、大学毕业的群体在2011调查年度收入水平大幅增长，遥遥领先于其他群体。在2011年样本中，职业为高级专业技术人员、一般专业技术人员、管理者三种类型的户主一共有39位，其中17位最高学历为大专、大学及以上，平均年龄44.76岁，因此高学历人群中的职业结构和生命周期阶段决定了其持久收入水平。

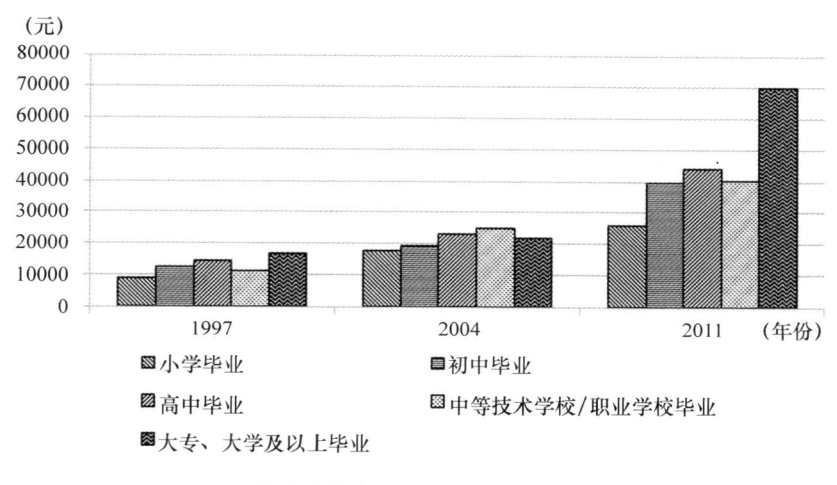

第五章 制度变革下居民家庭预防性储蓄行为及生命周期特征分析

图 5-4 按户主最高教育程度分组的持久收入均值

（三）收入不确定性 kvarly

上一章中相对等价谨慎性溢价（REPP）及收入对数方差（VARLY）的计算方法都是适合计算同一家庭多个年度期间的不确定性。而具体到各个年度的收入不确定性我们需要找其他指标或不同计算方法。样本中共有 13 类职业，9 种工作单位所有制类型，5 种最高受教育程度，也就是说，我们可以把每个年度的样本分为 27 组，每个家庭分别属于其中的三个组。为了避免小样本方差计算的偏误，我们尝试用核密度估计的方法来估算，因为核密度估计的方法首先应用核密度函数对样本总体分布进行科学估计，再进行方差的计算，相对于样本方差而言，即使在样本量较小的情况下结果也更接近于真实的方差。具体是通过计算每个组对数收入值的分布及累积分布函数，进而得出各个分组核密度估计的方差值，由于每个家庭分属于其中的三组，则每个家庭会有三个方差值，取它们的平均值作为各年度每个家庭面临的对数收入方差（kvarly）。图 5-5、图 5-6、图 5-7 分别为按户主职业、工作单位、最高受教育程度分组的对数收入的核密度估计方差值均值。

图 5-5 是按户主职业分组后统计得出的核密度方差均值，一定程度上反映出不同职业群体所面临的不同的收入不确定性。从时间趋势上来看，高级专业技术人员、管理者的收入不确定性是越来越小的；一般专业技术、一般工作人员基本不变，处于较低的水平；农民、技术工人和普通工人略有上升，面临的不确定性处于中游水平；上升较大的为技术工人和司机群体。这个结果和上一章 1997—2011 年的收入不确定性估算结果基本相同。

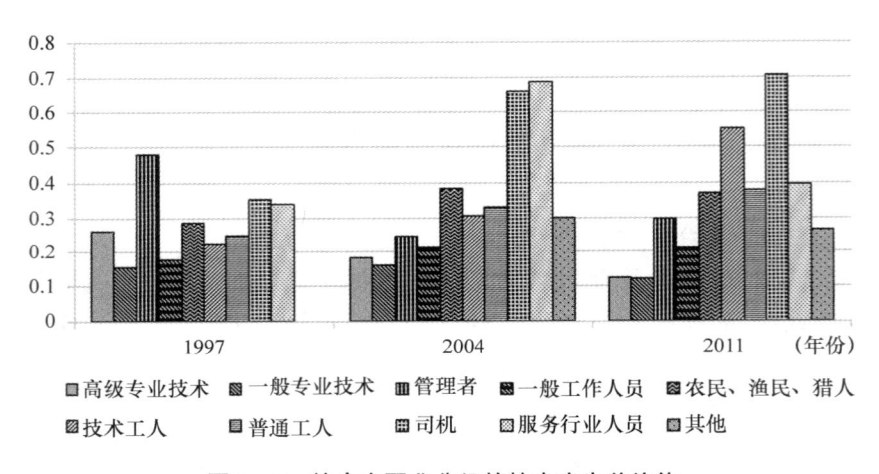

图 5-5 按户主职业分组的核密度方差均值

图 5-6 是按户主工作单位的所有制性质统计的核密度方差均值。可以看出，政府机关、国有企业、大集体企业群体的不确定性值的时间趋势是上升的，而事业单位是下降的。不论是按照职业分组还是按照工作单位分组，农民及农业从业者的不确定性一直处于中游的水平，说明相比城镇居民来说，农村居民虽然收入水平较低，但整体收入差距较小，波动不大。

图 5-7 是按照户主最高受教育程度分组统计得到的核密度方差均值。可以看到，中等技校、职校毕业的群体及大专、大学毕业的学历较高或有一技之长的这部分人群，收入不确定性要显著低一些。

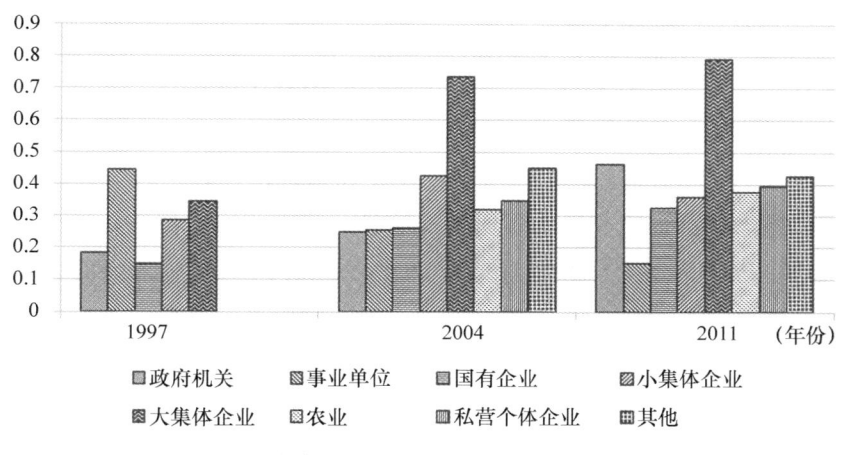

第五章 制度变革下居民家庭预防性储蓄行为及生命周期特征分析

图 5-6 按户主工作单位分组的核密度方差均值

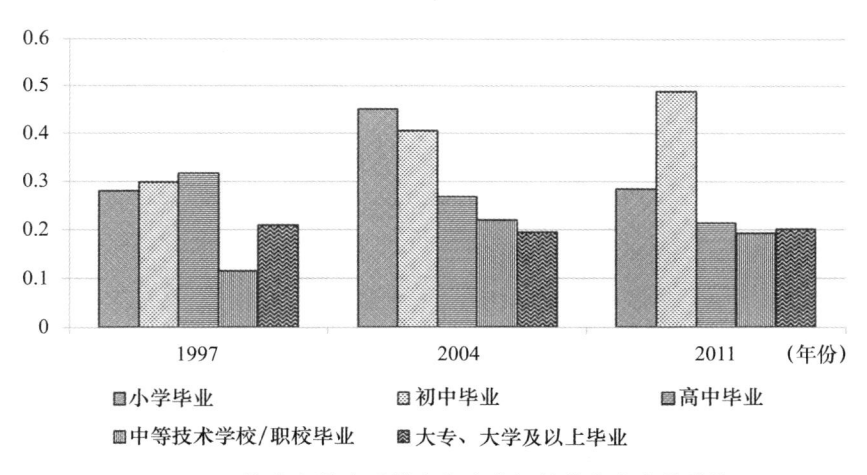

图 5-7 按户主最高受教育程度分组的核密度方差均值

（四）工具变量

从各年度收入的原始数据收集与处理，到持久收入和收入不确定性的计算，都不可避免会出现测量误差，为了避免测量误差导致的模型内生性，本章同样使用了工具变量，工具变量的选择十分严格，且一定要同收入、不确定性存在着线性关系，结合可得的数据，我们分别选用了户主工作单位虚拟变量、最高受教育程度虚拟变量、户主职业虚拟变量及其与各年度调查数据的户主年龄、年龄平方、年龄立方的交叉项作为以下分析的工具变量,其中交叉项的引入是为了区分不同年龄段的表现。

表 5-1 为工具变量的解释与统计性描述。可以看出,受教育程度随着年龄的增长呈现微弱增长趋势。工作单位虚拟变量的变量数也呈逐年递减,体现了随着改革的推进,我国就业部门的多元化。职业的情况则是农民数量下降,工人和服务人员数量上升,这是同我国城市化进程的步调相一致的。

表 5-1　　　　　　　　　工具变量的描述性统计

变量名	变量解释	edu 为均值,虚拟变量为 1 时的变量数					
		1997 年	2000 年	2004 年	2006 年	2009 年	2011 年
edu	户主最高受教育程度	2.12	2.19	2.20	2.40	2.40	2.42
D1	D1 = 1 时表示工作单位类型为政府机关、事业单位和国有企业	93	96	72	76	69	67
D2	D2 = 1 时表示工作单位类型为大集体、三资企业	28	38	21	9	14	14
D3	D3 = 1 时表示工作单位类型为小集体和私营个体	191	178	140	97	107	111
D4	D4 = 1 时表示职业类型为高级专业技术工作者及管理者	31	32	35	34	38	28
D5	D5 = 1 时表示职业类型为一般技术工作者及一般工作人员	31	22	22	27	20	33
D6	D6 = 1 时表示职业类型为农民	187	184	170	164	158	154
D7	D7 = 1 时表示职业类型为技术工人和熟练工人	36	48	43	44	48	49

(五) 其他控制变量

考虑到家庭人口统计特征的影响,我们选取了部分控制变量。

第五章 制度变革下居民家庭预防性储蓄行为及生命周期特征分析

家庭人口统计特征变量主要包括以下变量。户主的性别gender，采用虚拟变量的形式，性别为男取值为1。户主婚姻状况虚拟变量marry，婚姻状况为正常已婚的取值为1。年龄age，指的是上一年度户主的周岁年龄，同时为了控制年龄对于储蓄可能的非线性影响，引入了年龄的平方项Age^2。家庭规模fs代表了家庭人口数量。少儿抚养比childr表示家庭中18岁及以下未成年人口数占fs的比重。老年赡养比elderr代表了家庭中65岁及以上老年人口占fs的比重，这两个指标都代表了家庭负担程度。家庭健康状况虚拟变量hs取值为1代表家庭成员曾经有疾病史，也可指家庭中有慢性病患，而疾病史是指调查问卷中涉及的高血压、糖尿病、心肌梗塞、中风、肿瘤、骨折、哮喘七种，有过往疾病史的家庭往往更谨慎。有关基本医疗保险的变量，因考察期间医疗保险普及人数大幅变化，因此我们选取了两种：一是虚拟变量dm，即家庭中是否有成员有医疗保险；二是mr，即家庭中有医疗保险的人数比例。退休金的相关变量，由于CHNS中不含养老保险相关数据，但是在收入构成中有退休金这一组成部分，虽然退休金只能说明已退休人员家庭的状况，并不能体现养老保险的覆盖率，但退休金的数值和占比可以使居民形成一定的预期，因此初步选用这两个变量：家庭收入中有无退休金的虚拟变量dr、退休金在家庭收入中占的比重rr。具体见表5-2。

表5-2　　　　　　　　控制变量的描述性统计

变量名	变量解释	\multicolumn{6}{c}{age、childr、elderr、mr为均值，其他虚拟变量为1时的变量数}
		1997年	2000年	2004年	2006年	2009年	2011年
gender	gender=1表示性别为男	301	301	301	301	301	301
marry	marry=1表示正常已婚	313	313	313	313	313	313
age	1997年调查所记载的年龄	30.62	33.62	37.62	39.62	42.62	44.62
fs	家庭人口数量	3.73	3.80	3.82	3.97	4.00	4.09

续表

变量名	变量解释	age、childr、elderr、mr 为均值，其他虚拟变量为 1 时的变量数					
		1997 年	2000 年	2004 年	2006 年	2009 年	2011 年
childr	少儿抚养比	0.39	0.41	0.35	0.26	0.16	0.12
elderr	老年赡养比	0.016	0.021	0.019	0.026	0.026	0.025
hs	家庭健康状况，hs = 1 表示家庭成员中有慢性疾病史	27	33	39	44	67	80
dm	家庭医疗保险情况，dm = 1 时表示至少有一位成员有医保	95	91	122	202	309	309
mr	家庭成员中有医疗保险的人数比例	0.269	0.182	0.220	0.398	0.658	0.624
dr	家庭收入中是否有退休金	6	6	5	4	5	12
rr	退休金在家庭收入中的比重	0.003	0.003	0.003	0.003	0.004	0.016

可以看出随着户主年龄不断增长，家庭人口数量呈微弱增长趋势，子女年龄渐大后，少儿抚养比也在逐步下降。老年赡养比过低，原因应该是调查中以父母、子女家庭结构为主，很少包含祖父母。那么此处的老年赡养比就会有偏差，考虑略掉。患有疾病史的家庭数随着户主年龄增长也呈现出增长趋势，到 2011 年，共有 80 户家庭中有慢性患病人员。家庭医疗保险情况与医疗保险改革的步调相一致，到 2009 年基本达到了全覆盖。退休金数量过少，这也和我们选取的年龄段有一定的关系，因此这里考虑弃用这两个指标。除此之外，婚姻状况由于筛选数据时选择了 1997—2011 年婚姻状况不变的家庭，描述性统计显示 marry 正常已婚的为 313 户，占据了样本的绝大部分，因此该变量近乎常量，也考虑舍去。虽然我们根据理论上及现实中的分析选择了这部分指标，然而具体到我们的样本，这些指标反而会变得冗余，总结起来看，需要去掉的指标有：marry、elderr、dr、rr。

另,1997—2011年,住房制度出现了翻天覆地的变动,因此在考察居民家庭储蓄行为时,还需考虑引入房价变动因素作为控制变量。虽然CHNS中并不包含相关数据,但由于房价是宏观存在的,影响消费者预期和储蓄行为的因素也是宏观的房价,因此这里将被调查家庭所在省份的相关数据同我们的微观数据相结合,试图考察预期房价增长率对我国家庭储蓄行为的影响。表5-3显示的预期房价增长率为所在省份前三年实际房价增长率的平均值,而实际房价为所在省份经物价平减后的住宅销售额比上销售面积。由此得到了对应CHNS调查年份为2004年及之后的预期房价增长率。可以看出,由于各地区间经济发展水平、相关政策的差异,每个省份预期房价增长率的年份差异很大。

表 5 - 3　　　　　　**各省份预期房价增长率 eh**　　　　　　单位:%

年份	黑龙江	江苏	山东	河南	湖北	湖南	广西	贵州
2003	0.0535	0.0684	0.0972	0.1079	0.0425	0.054	0.1021	0.0188
2005	0.0147	0.1109	0.0848	0.0546	0.0533	0.0141	0.0386	0.0364
2008	0.0871	0.1398	0.1139	0.1001	0.1959	0.1529	0.0573	0.1471
2010	0.11	0.1091	0.0813	0.0796	0.0914	0.0914	0.1315	0.1468

第三节　居民预防性储蓄行为及生命周期特征分析

各年度的实证分析将采用工具变量解决测量误差带来的模型内生性的问题。前面介绍过,我们分别选用了户主工作单位虚拟变量、最高受教育程度、户主职业虚拟变量及其与各年度调查数据的户主年龄、年龄平方、年龄立方的交叉项作为工具变量,以囊括不同工作单位、不同职业、不同教育程度的人群中,不同年龄段的收入与不确定性关系。下面的分析将使用核密度估计法得出的对数收入的方差 kvarly 作为收入不确定性的替代变量，使用基准的回归方程 4-3，以上述变量作为不确定性与持久收入的工具变量，以性别、年龄、年龄的平方项、家庭常住人口数、家庭健康状况、家庭医疗保险情况、家庭所在省的预期房价增长率依次作为控制变量。具体方法是应用 stata12 计量分析软件，使用 ivregress 或 ivreg2 命令，及对异方差更有效率的两步最优 GMM 进行估计，以多角度检验工具变量的有效性情况。工具变量分别进行如下有效性检验：采用过度识别性检验外生性，采用偏 R^2 与一阶段回归 F 统计量的方法，或克利伯根-派普（Kleibergen-Paap）提出的 Kleibergen-Paap Wald rk F 统计量三种方法相结合检验弱工具变量。各年度总体结果及城镇样本、农村样本结果将依次汇报。

一　各调查年度居民预防性储蓄行为及生命周期特征分析

（一）1997 年总体估计结果及分城乡估计结果

按照 CHNS 的问卷，调查年度为 1997 年，实际上得到的是截至上一年度年底的数据，也就是说，1997 年度的调查数据代表了 1996 年的情况。表 5-4 是 1997 年样本的总体估计结果。其中方程一仅包括持久收入的对数值 logep、收入不确定性 kvarly、户主年龄 age、年龄平方项 Age^2、性别 gender 及家庭人口数 fs。方程二添加了反映家庭教育支出项的少儿抚养比 childr。方程三添加了反映家庭成员健康状况的虚拟变量 hs。方程四添加了反映家庭医疗保险参保状况的虚拟变量 dm。方程五用医疗保险虚拟变量与健康状况的交叉项 hs*dm 替换方程四中的医疗保险虚拟变量，以探测既有医疗保险，又有慢性病患的家庭财富累积行为，及医疗保险缓解家庭健康风险的具体效果。

第五章 制度变革下居民家庭预防性储蓄行为及生命周期特征分析

表 5-4　　　　　　　　　　1997 年样本总体估计结果

log$W$	方程一	方程二	方程三	方程四	方程五
logep	2.089 (0.000)	1.954 (0.000)	2.078 (0.000)	1.949 (0.000)	2.097 (0.000)
kvarly	-0.408 (0.365)	-0.323 (0.486)	-0.174 (0.708)	-0.098 (0.828)	-0.175 (0.709)
age	-0.128 (0.243)	-0.087 (0.432)	-0.061 (0.585)	-0.084 (0.449)	-0.066 (0.559)
Age^2 * 10^{-3}	1.665 (0.387)	1.068 (0.579)	0.617 (0.752)	0.973 (0.615)	0.698 (0.722)
gender	-0.030 (0.798)	-0.033 (0.764)	-0.058 (0.585)	-0.052 (0.616)	-0.057 (0.592)
fs	-0.059 (0.180)	-0.027 (0.516)	-0.034 (0.428)	-0.024 (0.572)	-0.034 (0.421)
childr	—	-0.678 (0.069)	-0.655 (0.076)	-0.666 (0.071)	-0.641 (0.087)
hs	—	—	-0.461 (0.000)	-0.465 (0.000)	-0.452 (0.001)
dm	—	—	—	0.133 (0.112)	—
hs * dm	—	—	—	—	-0.044 (0.821)
constants	-2.157 (0.270)	-2.173 (0.249)	-2.999 (0.120)	-2.124 (0.254)	-3.012 (0.821)
Kleibergen-Paap rk LM statistic	54.849 (0.000)	50.309 (0.000)	48.780 (0.000)	44.613 (0.0001)	49.588 (0.000)
Kleibergen-Paap rk Wald F statistic	54.203 (5%)	50.014 (5%)	51.129 (5%)	42.799 (5%)	44.490 (5%)
Hansen J statistic	20.328 (0.120)	19.640 (0.142)	20.253 (0.122)	19.559 (0.145)	20.162 (0.125)
Endogeneity test of logep and *kvarly*	11.789 (0.003)	9.147 (0.010)	10.447 (0.005)	8.713 (0.013)	10.565 (0.005)
Obs.	312	312	312	311	311

其中，五个方程均通过了不可识别性检验，Kleibergen-Paap rk LM 统计量 p 值均为 0，即模型满足工具变量法的前提之一——秩条件，而秩条件成立的直观意义是工具变量与解释变量相关，一定程度上可以验证是否存在弱工具变量，但不能取代对弱工具变量的检验。弱工具变量检验 Kleibergen-Paap rk Wald F 统计量值都大于实际显著性水平为 5% 时的临界值，说明不存在弱工具变量。过度识别性检验 Hansen J 统计量均接受原假设，工具变量不存在过度识别的问题，所有工具变量均为外生。内生性检验（Endogeneity test）表示 logep、$kvarly$ 均为内生变量，需用工具变量法解决模型的内生性问题。

可以看出，持久收入对于家庭财富净增量的影响显著为正，持久收入每增长 1%，家庭财富将增长约 2%。不确定性在经济意义上表现为负影响，但在统计意义上不显著。年龄、性别及家庭人口数本年均不显著。方程二中加入少儿抚养比 $childr$，系数在 10% 的显著水平下显著为负，在其他条件相同的情况下，家中有两个少儿的负担较重的四口之家（比重为 1/2），比典型三口之家（比重为 1/3），相应的家庭财富减少 23%。方程三加入家庭健康状况 hs，系数在 1% 显著性水平下显著为负，在其他条件相同的情况下，有慢性病患的家庭财富比健康家庭财富减少 46%。方程四加入家庭医疗保险虚拟变量 dm 后，hs 的显著性和数值均没有太大变化，dm 系数值为 0.133，p 值为 0.112，可以近似地认为其显著，有医疗保险的家庭比没有的家庭财富多 13.3%。1996 年城镇职工医保还未推行，有医疗保险的家庭还是以公费医疗等居多，这部分家庭收入较稳定，收入水平也较高，因此医疗保险对于家庭财富的作用效果还要结合 2004 年以后的情况来综合说明。方程五中使用交叉项 hs * dm 来代替 dm，以考察享有医保且有慢性病患的家庭财富情况，但此项不显著。

在对 71 户城镇样本的检验中，发现 logep、$kvarly$ 并不存在内生性，那么对于城镇样本的估计也暂时放弃了工具变量法，而是使用直接估计。各方程的估计结果均通过了异方差及多重共线性检验，结果见表5-5。持久收入对于城镇家庭财富净增量的影响显著为正，持久收入每增长1%，家庭财富将增长约0.8%。不确定性在经济意义上表现为正影响，但在统计意义上不显著。年龄、性别及家庭人口数、少儿抚养比本年均不显著。方程三加入家庭健康状况hs，系数在5%显著性水平下显著为负，在其他条件相同的情况下，有慢性病患的家庭财富比健康家庭财富减少47%。方程四加入家庭医疗保险虚拟变量dm、方程五中使用交叉项hs*dm来代替dm，但两项均不显著。

表5-5　　　　　　　　　1997年城镇样本估计结果

$\log W$	方程一	方程二	方程三	方程四	方程五
$\log ep$	0.791 (0.021)	0.799 (0.021)	0.793 (0.021)	0.762 (0.025)	0.788 (0.023)
$kvarly$	0.351 (0.689)	0.391 (0.654)	0.627 (0.409)	0.698 (0.402)	0.608 (0.431)
age	-0.009 (0.661)	-0.012 (0.622)	-0.002 (0.905)	-0.006 (0.804)	-0.003 (0.868)
gender	0.115 (0.327)	0.126 (0.312)	0.088 (0.464)	0.089 (0.458)	0.088 (0.460)
fs	-0.105 (0.270)	-0.116 (0.296)	-0.119 (0.310)	-0.109 (0.395)	-0.119 (0.313)
childr	—	0.211 (0.788)	0.041 (0.960)	0.063 (0.938)	0.072 (0.932)
hs	—	—	-0.470 (0.024)	-0.474 (0.024)	-0.553 (0.096)
dm	—	—	—	0.064 (0.676)	—
hs*dm	—	—	—	—	0.157 (0.706)

续表

logW	方程一	方程二	方程三	方程四	方程五
constants	0.958 (0.480)	0.935 (0.488)	0.789 (0.577)	0.921 (0.505)	0.837 (0.555)
White's test	20.12 (0.3876)	21.49 (0.7162)	28.30 (0.7003)	49.06 (0.1815)	32.52 (0.6351)
Max VIF	1.21	1.42	1.44	1.45	2.06
Obs.	70	70	70	70	70

1997年农村样本估计结果见表5-6。可以看出，持久收入对于农村家庭财富净增量的影响显著为正，持久收入每增长1%，家庭财富将增长约1.8%。不确定性在经济意义上表现为负影响，但在统计意义上不显著。年龄及家庭人口数本年均不显著。农村家庭户主性别的影响显著为负，即男性户主家庭财富积累比女性户主家庭少45%左右。方程二中加入少儿抚养比childr，系数在10%的显著水平下显著为负，在其他条件相同的情况下，家中有两个少儿的负担较重的四口之家（比重为1/2），比典型三口之家（比重为1/3），相应的家庭财富下降35.18%。农村样本家庭的少儿抚养比对财富影响程度较总体样本更大一些。方程三加入家庭健康状况hs，系数在1%显著性水平下显著为负，在其他条件相同的情况下，有慢性病患的家庭财富比健康家庭财富减少41.7%。方程四加入家庭医疗保险虚拟变量dm，系数值为0.186，在10%的显著性水平下显著，有医疗保险的农村家庭比没有的家庭财富多18.6%。

表5-6　　　　　　　　1997年农村样本估计结果

logW	方程一	方程二	方程三	方程四	方程五
logep	1.892 (0.000)	1.637 (0.000)	1.782 (0.000)	1.691 (0.000)	1.839 (0.000)
$kvarly$	-0.231 (0.650)	-0.003 (0.995)	0.046 (0.927)	0.202 (0.682)	0.045 (0.929)

续表

$\log W$	方程一	方程二	方程三	方程四	方程五
age	-0.099 (0.440)	-0.033 (0.798)	-0.012 (0.924)	-0.042 (0.744)	-0.009 (0.947)
$Age^2 * 10^{-3}$	1.152 (0.613)	0.252 (0.911)	-0.140 (0.951)	0.338 (0.883)	0.217 (0.926)
gender	-0.448 (0.000)	-0.469 (0.013)	-0.446 (0.021)	-0.429 (0.030)	-0.449 (0.023)
fs	-0.038 (0.434)	-0.001 (0.984)	-0.005 (0.903)	0.002 (0.971)	-0.002 (0.958)
childr	—	-1.130 (0.004)	-1.048 (0.007)	-1.080 (0.006)	-1.036 (0.008)
hs	—	—	-0.417 (0.001)	-0.381 (0.005)	-0.322 (0.013)
dm	—	—	—	0.186 (0.077)	—
hs * dm	—	—	—	—	-0.489 (0.089)
constants	-1.494 (0.527)	-1.372 (0.537)	-2.232 (0.319)	-1.533 (0.488)	-2.512 (0.256)
Kleibergen-Paap rk LM statistic	36.182 (0.0017)	37.580 (0.0010)	37.693 (0.0010)	37.687 (0.0010)	39.331 (0.0006)
Kleibergen-Paap rk Wald F statistic	65.933 (5%)	63.361 (5%)	62.676 (5%)	58.817 (5%)	62.954 (5%)
Hansen J statistic	19.277 (0.1546)	17.365 (0.2372)	16.839 (0.2649)	16.785 (0.2678)	16.635 (0.2762)
Endogeneity test of logep and $kvarly$	8.364 (0.0153)	6.444 (0.0399)	7.872 (0.0195)	7.055 (0.0294)	7.481 (0.0237)
Obs.	242	242	242	241	241

方程五中使用交叉项 hs * dm 来代替 dm，此项在10%显著性水平下显著为负，即有慢性病患的家庭中，有医保家庭比无医保家庭的财富积累少48.9%，医保状况并没有增加慢性病患家庭的财富积累。家庭健康状况是影响农村家庭财富积累的关键因素之一。

通过对1997年样本的总体估计和分城乡估计，可以看出，持久收入 logep 对于家庭财富净增量的影响均显著为正，持久收入每增长1%，总体样本家庭财富将增长约2%，城镇样本约0.8%，农村样本约1.8%。从收入对于家庭财富积累的影响程度来看，城镇小于农村。

三个样本的收入不确定性 kvarly 在统计意义上均不显著。年龄、家庭人口数本年均不显著。

性别 gender 的影响只在农村样本中显著，农村男性户主家庭财富积累比女性户主家庭少45%左右。

少儿抚养比 childr，总体样本系数在10%的显著水平下显著为负，在其他条件相同的情况下，家中有两个少儿的负担较重的四口之家（比重为1/2），比典型三口之家（比重为1/3），相应的家庭财富少23%。农村样本相应的数值为35.18%，城镇样本不显著。农村样本家庭的少儿抚养比对财富影响程度较总体样本更大一些，说明农村家庭未成年子女的抚养压力更大。

家庭健康状况 hs，三个样本系数均显著为负，在其他条件相同的情况下，有慢性病患的家庭财富比健康家庭财富减少41.7%—47%。表5-7中含有慢性病患家庭与总体样本家庭的部分指标对比，从中可以看到，27户家有慢性病患的家庭平均收入及平均持久收入均略高于总体样本，参加医保的比例也相差不大，然而平均家庭财富却大幅低于总体样本的水平，说明慢性疾病带来的持续医疗费用加大了家庭当期支出与预期支出，这部分家庭虽然有着更强的谨慎性，然而1996年医疗保障的低覆盖及高额家庭支出的水平，决定了这部分家庭没有多余的收入用于预防性储蓄。

家庭医疗保险虚拟变量 dm，总体样本中近似地认为其显著，有医疗保险的家庭比没有的家庭财富多13.3%。农村样本相应的数值为18.6%。城镇样本不显著。从表5-7后两列对比来看，享有医保家庭的平均收入水平及平均持久收入水平均略高于总体样本，平均家庭财富水平却大幅高于总体样本。我们继续分析样本后发现，95 户有医疗保险的家庭占总体样本的比重为 30.16%，而 95 户家庭中户主工作单位为政府机关、事业单位、国有企业的为 54 户，占总体样本中 93 户的 58.06%，户主职业为高级专业技术工作者及管理者的同样占 58.06%。考虑到 1996 年城镇职工医保还未全面推行，有医疗保险的家庭中，户主工作单位为政府机关、事业单位或企业的占了大半，这部分家庭收入较稳定，收入水平也较高，因此医疗保险对于家庭财富的作用效果不仅仅是医疗保险本身带来的，还带有一定的群体性，而医疗保险本身的效果还要结合 2004 年以后的情况来综合说明。

表 5-7　　1997 年样本慢性病患家庭、医保家庭与总体样本部分指标比较

	hs = 1 时（27 户）	总体样本（315 户）	dm = 1 时（95 户）
平均收入 Y（元）	12267.27	11933.59	12637.58
平均持久收入 ep（元）	13869.78	12092.05	13690.38
平均家庭财富 W（元）	4126.85	10464.35	14487.21
享有医保的家庭数 dm（户）	10	95	—
D1 = 1（户）	—	93	54
D4 = 1（户）	—	31	18

方程五中使用交叉项 hs * dm 来代替 dm，以考察享有医保且有慢性病患的家庭财富情况，该项只有农村样本在 10% 显著性水平下显著为负，即有慢性病患的家庭中，有医保家庭比无医保家庭的财富积累少 48.9%，医保状况并没有增加慢性病患家庭的财富积累。家庭健康状况是影响农村家庭财富积累的关键因素之一。

（二）2000 年总体估计结果及分城乡估计结果

2000 年及其后面样本的实证结果类似 1997 年样本，为了节省文

章篇幅,从2000年样本之后,仅给出样本总体、城镇样本和农村样本方程四、方程五的回归结果,其中2004年以后还包括方程六。

表5-8是2000年总体样本、城镇样本、农村样本的估计结果,实证思路同1997年样本。通过对2000年样本的总体估计和分城乡估计,可以看出,持久收入logep对于家庭财富净增量的影响均显著为正,持久收入每增长1%,总体样本家庭财富将增长约2.4%,城镇样本约1.38%,农村样本约2.4%。从收入对于家庭财富积累的影响程度来看,城镇仍然小于农村。

表5-8　　　　　　　　2000年样本估计结果

log$W$	总体样本		城镇样本		农村样本	
	方程四	方程五	方程四	方程五	方程四	方程五
logep	2.559 (0.000)	2.431 (0.000)	1.389 (0.000)	1.358 (0.000)	2.604 (0.007)	2.474 (0.002)
$kvarly$	-0.013 (0.966)	0.099 (0.741)	-0.038 (0.877)	-0.086 (0.710)	-0.371 (0.588)	-0.083 (0.908)
age	-0.308 (0.040)	-0.324 (0.031)	-0.386 (0.172)	-0.413 (0.137)	-0.250 (0.139)	-0.290 (0.092)
Age^2	4.246 (0.066)	4.462 (0.053)	5.628 (0.191)	6.008 (0.156)	3.250 (0.216)	3.876 (0.146)
gender	0.076 (0.749)	0.075 (0.750)	0.031 (0.855)	0.032 (0.847)	0.318 (0.626)	0.298 (0.656)
fs	-0.099 (0.032)	-0.087 (0.058)	-0.098 (0.086)	-0.097 (0.089)	-0.064 (0.266)	-0.056 (0.330)
childr	0.241 (0.520)	0.196 (0.604)	0.865 (0.048)	0.914 (0.031)	-0.151 (0.761)	-0.209 (0.673)
hs	0.082 (0.502)	0.127 (0.371)	0.052 (0.708)	0.003 (0.986)	0.114 (0.476)	0.133 (0.451)
dm	-0.163 (0.119)	—	-0.049 (0.673)	—	-0.215 (0.164)	—

续表

log$W$	总体样本 方程四	总体样本 方程五	城镇样本 方程四	城镇样本 方程五	农村样本 方程四	农村样本 方程五
hs * dm	—	-0.177 (0.489)	—	0.152 (0.502)	—	-0.127 (0.731)
constants	-1.621 (0.585)	-0.916 (0.743)	4.306 (0.352)	4.888 (0.300)	-2.725 (0.545)	-1.680 (0.664)
Hansen's J	16.735 (0.2706)	16.651 (0.2753)	8.469 (0.8635)	8.449 (0.8648)	9.983 (0.1254)	8.626 (0.1957)
First stage F value: logep	9.8495 (0.000)	12.4791 (0.000)	4.449 (0.000)	1.1868 (0.3138)	23.4956 (0.000)	22.9039 (0.000)
Shea's Partial R-sq: logep	0.0886	0.1000	0.2559	0.2734	0.0449	0.0556
First stage F value: $kvarly$	30.5452 (0.000)	43.9356 (0.000)	42.65 (0.000)	28.3163 (0.000)	37.4911 (0.000)	37.348 (0.000)
Shea's Partial R-sq: $kvarly$	0.3929	0.3697	0.6555	0.6713	0.1769	0.1634
Obs.	315	315	71	71	244	244

三个样本的收入不确定性 $kvarly$ 在统计意义上均不显著。性别本年均不显著。

总体样本中的年龄 age 在 5% 显著性水平下显著为负,即户主年龄越大,其财富积累值越小。城镇样本不显著,农村样本在 10% 显著性水平下显著为负,数值与总体样本相当。按常理分析,户主年龄越大的家庭,其财富积累也越丰厚,然而我们查看 315 户样本发现,系数为负的原因大致是样本的平均年龄 33.6 岁,最大值也只有 38 岁,均为年轻家庭,因此整体系数为负也不足为奇了。

家庭规模 fs,总体样本和城镇样本在 10% 显著性水平下显著为负,数值均约为 -0.08,即家庭人数每多一人,其他条件相同的情况下,家庭财富约少 16.83%。

少儿抚养比 childr，与 1997 年的情况正好相反，总体样本和农村样本均不显著，而城镇样本在 5% 显著性水平下显著为正。城镇样本的 childr 均值为 0.376，更接近三口之家。表 5-9 对数据进一步分析发现，2000 年 childr≥0.5 的 24 户城镇家庭其平均收入及平均持久收入均低于 childr<0.5 的 47 户家庭均值，然而平均家庭财富却高于 childr<0.5 的家庭 15.2%；1997 年农村 childr≥0.5 的 104 户家庭平均收入及持久收入都略高于 childr<0.5 的 140 户家庭，平均财富却略低。城镇农村的情况恰好相反。表明城镇未成年子女较多的家庭虽然收入水平较低，但由于有着较高的教育支出预期，相比较未成年子女较少的家庭来说，有着很强的谨慎性动机。随着 20 世纪 90 年代中期以后高等教育陆续收费，针对城镇居民带来的效应是增加未来的教育支出预期，从而减少当期支出，进行更多的预防性储蓄；而对农村居民的效应是更繁重的当期支出。

表 5-9　　2000 年城镇及 1997 年农村样本少儿抚养比部分数据比较

单位：元

	2000 年城镇		1997 年农村	
	childr≥0.5（24 户）	childr<0.5（47 户）	childr≥0.5（104 户）	childr<0.5（140 户）
平均收入 Y	14012.25	24185.78	11968.33	10063.34
平均持久收入 ep	16437.82	20279.36	11724.75	10857.29
平均家庭财富 W	9620.96	8351.28	9020.59	10336.99

家庭健康状况 hs，三个样本系数均不显著。

家庭医疗保险虚拟变量 dm，总体样本中近似地认为其显著，有医疗保险的家庭比没有的家庭财富少 16.3%。农村样本和城镇样本均不显著。在城镇职工医疗保险全面推行之初，医疗保险给家庭财富带来的效应仍然是挤出。方程五中使用交叉项 hs * dm 来代替 dm，以考察 2000 年享有医保且有慢性病患的家庭财富情况，但该项在三个样本中均不显著。

(三) 2004年总体估计结果及分城乡估计结果

表5-10是2004年总体样本、城镇样本、农村样本的估计结果。其中,与1997年、2000年样本估计的不同之处有两点,一是为了反映住房商品化后,房价的飞速增长所影响的家庭储蓄行为,加入了新的控制变量eh,即预期房价增长率;二是随着各层次医疗保险改革的深入,享有医疗保险的家庭数越来越多,到2011年dm=1的家庭为309,接近全样本。为了更好地分析医疗保险及其差异性,从2004年样本开始,医疗保险使用变量mr,即家庭中享有医疗保险的人数比例。估计时城镇样本不可识别性检验及内生性检验均未通过,因此弃用工具变量。

通过对2004年样本的总体估计和分城乡估计,可以看出,持久收入$logep$对于家庭财富净增量的影响仍显著为正,持久收入每增长1%,总体样本家庭财富将增长约2.4%,城镇样本约1%,农村样本约2.3%。从收入对于家庭财富积累的影响程度来看,城镇仍然小于农村。

三个样本的收入不确定性$kvarly$在统计意义上均显著为正。总体样本中,不确定性每增长1%,总体样本家庭财富积累增长0.4%,城镇样本增长0.66%,农村样本增长0.4%,显现出明显的谨慎性特征,且本年度城镇居民谨慎性强于农村居民。而无论是前一章节1997—2011年整个区间的估计,还是后期的估计中,农村居民不确定性对于财富积累的影响程度均要更高一些,这个反差值得我们去深层分析原因。2004年样本数据为2003年,而2003年我国发生了非典事件,这场新中国成立后前所未有的灾难对我国经济发展、人民生活均造成了强烈冲击,不仅居民健康受到严重威胁,心理及行为特征也发生了显著变化。尤其是受灾最密集的城市,在这种悲观情绪的影响下,城镇居民的储蓄和消费行为势必会发生变化。

性别 gender 的影响只在农村样本中显著，农村男性户主家庭财富积累比女性户主家庭少 40% 左右。

表 5-10 2004 年样本估计结果

logW	总体样本			城镇样本			农村样本		
	方程四	方程五	方程六	方程四	方程五	方程六	方程四	方程五	方程六
logep	2.394 (0.000)	2.429 (0.000)	2.486 (0.000)	1.006 (0.000)	1.043 (0.000)	0.998 (0.000)	2.277 (0.000)	2.176 (0.000)	2.377 (0.000)
kvarly	0.411 (0.009)	0.408 (0.009)	0.396 (0.015)	0.697 (0.001)	0.575 (0.006)	0.665 (0.003)	0.399 (0.110)	0.448 (0.075)	0.373 (0.128)
age	-0.256 (0.093)	-0.267 (0.078)	-0.271 (0.075)	-0.025 (0.129)	-0.016 (0.340)	-0.025 (0.089)	-0.266 (0.097)	-0.254 (0.111)	-0.282 (0.077)
Age^2*10^{-3}	3.096 (0.142)	3.247 (0.122)	3.263 (0.120)	—	—	—	3.278 (0.145)	3.147 (0.158)	3.454 (0.120)
gender	-0.075 (0.613)	-0.053 (0.735)	-0.099 (0.517)	-0.096 (0.494)	-0.133 (0.370)	-0.089 (0.512)	-0.319 (0.110)	-0.273 (0.139)	-0.416 (0.018)
fs	-0.011 (0.747)	-0.012 (0.719)	-0.011 (0.745)	0.034 (0.588)	-0.017 (0.776)	0.034 (0.612)	-0.017 (0.668)	-0.012 (0.758)	-0.016 (0.679)
childr	0.176 (0.408)	0.163 (0.442)	0.159 (0.436)	-0.173 (0.640)	-0.171 (0.644)	-0.283 (0.452)	0.018 (0.937)	-0.005 (0.982)	0.016 (0.945)
hs	-0.045 (0.581)	-0.016 (0.888)	-0.089 (0.260)	-0.165 (0.275)	-0.316 (0.203)	-0.210 (0.192)	0.021 (0.826)	0.020 (0.881)	-0.029 (0.752)
mr	-0.001 (0.991)	—	-0.025 (0.827)	0.444 (0.005)	—	0.438 (0.007)	-0.098 (0.441)	—	-0.135 (0.284)
hs*mr	—	-0.085 (0.676)	—	—	0.553 (0.151)	—	—	-0.068 (0.794)	—
eh	—	—	4.146 (0.002)	—	—	3.380 (0.074)	—	—	4.369 (0.004)
constants	-1.403 (0.562)	-1.376 (0.570)	-1.678 (0.488)	-0.109 (0.932)	-0.189 (0.885)	-0.194 (0.860)	-0.409 (0.877)	-0.308 (0.907)	-0.647 (0.806)
Kleibergen-Paap rk LM statistic	41.530 (0.000)	43.834 (0.000)	39.510 (0.000)	—	—	—	37.073 (0.000)	37.841 (0.000)	34.074 (0.000)

续表

$\log W$	总体样本 方程四	总体样本 方程五	总体样本 方程六	城镇样本 方程四	城镇样本 方程五	城镇样本 方程六	农村样本 方程四	农村样本 方程五	农村样本 方程六
Kleibergen-Paap rk Wald F statistic	6.281 (20%)	6.949 (20%)	5.837 (30%)	—	—	—	6.006 (30%)	6.311 (20%)	5.261 (30%)
Hansen's J statistic	11.265 (0.128)	10.878 (0.144)	12.839 (0.076)	—	—	—	9.329 (0.229)	8.883 (0.261)	10.538 (0.160)
Endogeneity test of $\log ep$ and $kvarly$	11.585 (0.003)	13.421 (0.001)	11.284 (0.004)	—	—	—	7.259 (0.027)	6.892 (0.032)	6.974 (0.031)
White's test	—	—	—	48.46 (0.229)	49.28 (0.104)	57.22 (0.288)	—	—	—
Max VIF	—	—	—	1.24	2.04	1.24	—	—	—
R-sq	—	—	—	0.441	0.386	0.469	—	—	—
Obs.	—	—	—	71	71	71	243	243	243

总体样本、城镇样本及农村样本的年龄 age 均在 10% 显著性水平下显著为负，即户主年龄越大，其财富积累值增量越小，三个样本数值相当。

家庭规模 fs、少儿抚养比 childr、家庭健康状况 hs 均不显著。

家庭中享有医疗保险的比例 mr，总体样本和农村样本中不显著，然而，在城镇样本中却在 1% 显著性水平下显著为正，影响系数为 0.44。这是医疗保险在城镇居民家庭中首次出现显著的情况。2004 年 71 户城镇样本中，家庭全部享受医疗保险（mr = 1）的家庭数是 7 个，mr≥0.5 的家庭数是 21 个，mr≠0 的家庭数是 36 个，参保家庭开始占到半数。

方程五中使用交叉项 hs * mr 来代替 mr，以考察 2004 年享有医保且有慢性病患的家庭财富情况，但该项在三个样本中均不显著。在城镇样本中系数估计值为 0.553，p 值为 0.151。虽然显著性水平较低，但可以看出医疗保险对于慢性病患家庭的财富消耗起到了缓释效果，有利于财富积累。

预期房价增长率 eh 在三个样本中均显著为正，预期房价增长率每增加 1%，家庭财富将增长 4%。2003 年开始房价大幅攀升，国务院虽出台了一系列措施，但并没有抑制住房价的过快上涨。从符号上看，房价的攀升带来的总效应是增加了居民储蓄，挤出了消费。

（四）2006 年总体估计结果及分城乡估计结果

表 5-11 是 2006 年总体样本、城镇样本、农村样本的估计结果。其中农村样本的方程六出现了过度识别性检验未通过的问题，p 值为 0.045 < 0.05，但由于差额不大，我们近似地认为工具变量是外生的。

通过对 2006 年样本的总体估计和分城乡估计，可以看出，持久收入 $logep$ 对于家庭财富净增量的影响仍显著为正，只是数值上比前期有所减少，持久收入每增长 1%，总体样本家庭财富将增长约 0.73%，城镇样本约 0.8%，农村样本不显著。虽然持久收入的影响系数从 2004 年的 2.4 降为 2006 年的 0.73，但城镇居民的影响系数基本变化不大，原因主要是占比重较大的农村样本此项不显著。

性别 gender 的影响只在农村样本中显著，农村男性户主家庭财富积累比女性户主家庭少 40% 左右。

表 5-11　　　　　　　　2006 年样本估计结果

$logW$	总体样本			城镇样本			农村样本		
	方程四	方程五	方程六	方程四	方程五	方程六	方程四	方程五	方程六
$logep$	0.598 (0.041)	0.738 (0.005)	0.440 (0.170)	0.489 (0.100)	0.727 (0.033)	0.552 (0.058)	0.255 (0.326)	0.342 (0.167)	0.248 (0.500)
$kvarly$	0.895 (0.091)	0.839 (0.103)	0.887 (0.100)	-0.089 (0.844)	-0.033 (0.947)	-0.167 (0.726)	1.302 (0.055)	1.309 (0.057)	1.241 (0.099)

续表

$\log W$	总体样本			城镇样本			农村样本		
	方程四	方程五	方程六	方程四	方程五	方程六	方程四	方程五	方程六
age	0.106 (0.474)	0.079 (0.571)	0.110 (0.460)	-0.041 (0.034)	-0.039 (0.052)	-0.041 (0.025)	0.074 (0.630)	0.067 (0.657)	0.060 (0.702)
$Age^2 * 10^{-3}$	-1.556 (0.421)	-1.252 (0.499)	-1.682 (0.389)	—	—	—	-1.122 (0.577)	-1.047 (0.596)	-0.976 (0.636)
gender	0.091 (0.431)	0.137 (0.249)	0.064 (0.561)	0.069 (0.620)	0.155 (0.265)	0.059 (0.685)	-0.449 (0.044)	-0.440 (0.098)	-0.414 (0.059)
fs	0.034 (0.107)	0.026 (0.225)	0.027 (0.190)	-0.023 (0.791)	-0.085 (0.343)	-0.035 (0.681)	0.034 (0.087)	0.029 (0.148)	0.030 (0.129)
childr	-0.098 (0.567)	-0.073 (0.676)	-0.149 (0.407)	-0.313 (0.431)	-0.320 (0.434)	-0.288 (0.455)	-0.027 (0.885)	0.051 (0.776)	-0.0005 (0.998)
hs	0.052 (0.520)	0.005 (0.971)	0.056 (0.492)	-0.025 (0.896)	0.005 (0.987)	-0.008 (0.966)	0.013 (0.887)	-0.092 (0.610)	0.007 (0.944)
mr	0.205 (0.041)	—	0.204 (0.056)	0.530 (0.022)	—	0.388 (0.085)	0.193 (0.053)	—	0.181 (0.098)
hs*mr	—	0.153 (0.489)	—	—	0.106 (0.799)	—	—	0.253 (0.339)	—
eh	—	—	2.021 (0.055)	—	—	3.917 (0.073)	—	—	2.162 (0.057)
constants	-1.071 (0.710)	-1.070 (0.692)	-0.386 (0.893)	3.305 (0.033)	2.216 (0.152)	3.016 (0.040)	0.499 (0.865)	0.376 (0.897)	0.808 (0.787)
OID test	6.519 (0.368)	4.993 (0.545)	8.216 (0.223)	—	—	—	9.899 (0.129)	9.179 (0.164)	12.862 (0.045)
First stage F value: $\log ep$	12.392 (0.000)	17.354 (0.000)	11.170 (0.000)	—	—	—	26.223 (0.000)	24.506 (0.000)	20.982 (0.000)
Shea's Partial R-sq: $\log ep$	0.116	0.151	0.113	—	—	—	0.139	0.149	0.137
First stage F value: kvarly	11.757 (0.000)	11.756 (0.000)	11.054 (0.000)	—	—	—	42.056 (0.000)	49.752 (0.000)	50.731 (0.000)

续表

logW	总体样本			城镇样本			农村样本		
	方程四	方程五	方程六	方程四	方程五	方程六	方程四	方程五	方程六
Shea's Partial R-sq：kvarly	0.197	0.219	0.187	—	—	—	0.205	0.213	0.191
White's test	—	—	—	30.41 (0.908)	26.03 (0.957)	36.29 (0.952)	—	—	—
Max VIF	—	—	—	1.45	2.16	1.60	—	—	—
R-sq	—	—	—	0.277	0.191	0.303	—	—	—
Obs.	315	315	315	71	71	71	244	244	244

总体样本和农村样本中的收入不确定性 kvarly 在统计意义上均显著为正，城镇样本不显著。不确定性每增长 1%，总体样本中家庭财富积累增长 0.88%，农村样本增长 1.4%。农村居民显现出明显的谨慎性特征，虽然城镇样本不显著，但从总体样本和农村样本的结果看，我们推测城镇居民的谨慎性相对于 2004 年有所减少。

城镇样本的年龄 age 在 10% 显著性水平下显著为负，即户主年龄越大，其财富积累值增量越小。

家庭规模 fs、少儿抚养比 childr、家庭健康状况 hs 均不显著。

家庭中享有医疗保险的比例 mr，三个样本中均显著为正。2006 年样本中医疗保险的覆盖率达到 47.5%，比 2004 年样本中的 26% 高了 21.5 个百分点。总体样本的影响系数为 0.2，城镇样本为 0.53，农村样本为 0.19。城镇样本明显大于农村样本。原因是新农村合作医疗 2003 年刚开始试点，2009 年基本确立，因此在 2005 年覆盖面有限，其效应同样也有限。

方程五中使用交叉项 hs * mr 来代替 mr，以考察 2006 年享有医保且有慢性病患的家庭财富情况，但该项在三个样本中均不显著。

预期房价增长率 eh 在三个样本中均显著为正，预期房价增长率每增加 1%，总体样本及农村样本家庭财富将增长 2%，城镇样本增长 3.9%。相对于 2004 年样本，农村样本中 eh 的影响系数下降较多，说明房价波动对于农村居民储蓄行为的影响开始下降，城镇样本变化不大。

(五) 2009 年总体估计结果及分城乡估计结果

表 5-12 是 2009 年总体样本、城镇样本、农村样本的估计结果。其中农村样本内生性检验 logep、$kvarly$ 均无内生性，因此用异方差稳健的最小二乘法予以估计。

通过对 2009 年样本的总体估计和分城乡估计，可以看出，持久收入 logep 对于家庭财富净增量的影响显著为正，持久收入每增长 1%，总体样本家庭财富将增长约 2.3%，城镇样本约 0.58%，农村样本约 1.7%。

总体样本的收入不确定性 $kvarly$ 显著为正，农村样本和城镇样本不显著。不确定性每增长 1%，总体样本中家庭财富积累增长 0.7%。

表 5-12 2009 年样本估计结果

log$W$	总体样本			城镇样本			农村样本		
	方程四	方程五	方程六	方程四	方程五	方程六	方程四	方程五	方程六
logep	2.397 (0.004)	2.275 (0.007)	2.365 (0.005)	0.595 (0.058)	0.487 (0.185)	0.559 (0.073)	1.645 (0.000)	1.695 (0.000)	1.643 (0.000)
$kvarly$	0.719 (0.047)	0.649 (0.078)	0.704 (0.051)	-0.433 (0.162)	-0.321 (0.316)	-0.436 (0.154)	0.053 (0.660)	0.015 (0.900)	0.052 (0.668)
age	-0.179 (0.287)	-0.223 (0.167)	-0.173 (0.299)	-0.889 (0.042)	-0.666 (0.144)	-0.964 (0.037)	-0.001 (0.903)	-0.010 (0.321)	-0.001 (0.893)
Age^2 * 10^{-3}	2.061 (0.319)	2.544 (0.203)	1.989 (0.330)	10.415 (0.044)	7.684 (0.151)	11.299 (0.039)	—	—	—
gender	-0.068 (0.673)	-0.102 (0.525)	-0.074 (0.643)	-0.344 (0.040)	-0.327 (0.073)	-0.343 (0.033)	-0.194 (0.215)	-0.268 (0.110)	-0.192 (0.226)

续表

$\log W$	总体样本 方程四	总体样本 方程五	总体样本 方程六	城镇样本 方程四	城镇样本 方程五	城镇样本 方程六	农村样本 方程四	农村样本 方程五	农村样本 方程六
fs	-0.017 (0.539)	-0.027 (0.310)	-0.015 (0.583)	0.054 (0.437)	0.009 (0.899)	0.055 (0.415)	-0.008 (0.695)	-0.024 (0.316)	-0.009 (0.673)
childr	0.179 (0.587)	0.175 (0.587)	0.171 (0.603)	-0.965 (0.035)	-0.611 (0.227)	-0.908 (0.055)	-0.179 (0.402)	-0.171 (0.430)	-0.182 (0.398)
hs	0.146 (0.108)	-0.100 (0.575)	0.148 (0.110)	0.127 (0.381)	-0.393 (0.307)	0.117 (0.428)	0.004 (0.963)	-0.168 (0.297)	0.003 (0.968)
mr	0.261 (0.096)	—	0.256 (0.112)	0.756 (0.012)	—	0.695 (0.019)	0.383 (0.002)	—	0.385 (0.002)
hs*mr	—	0.381 (0.094)	—	—	0.754 (0.080)	—	—	0.293 (0.222)	—
eh	—	—	-0.313 (0.691)	—	—	1.091 (0.334)	—	—	0.068 (0.916)
constants	-3.404 (0.432)	-1.582 (0.722)	-3.356 (0.446)	19.939 (0.032)	16.495 (0.098)	21.558 (0.027)	1.069 (0.251)	1.629 (0.088)	1.075 (0.250)
OID test	0.598 (0.897)	0.735 (0.860)	0.663 (0.882)	4.501 (0.609)	4.358 (0.628)	4.788 (0.571)	—	—	—
First stage F value: $\log ep$	15.358 (0.000)	15.974 (0.000)	15.193 (0.000)	5.358 (0.000)	4.386 (0.000)	6.398 (0.000)	—	—	—
Shea's Partial R-sq: $\log ep$	0.034	0.033	0.034	0.375	0.363	0.382	—	—	—
First stage F value: $kvarly$	129.35 (0.000)	127.49 (0.000)	127.46 (0.000)	12.981 (0.000)	11.181 (0.000)	13.864 (0.000)	—	—	—
Shea's Partial R-sq: $kvarly$	0.135	0.125	0.134	0.604	0.595	0.622	—	—	—
White's test	—	—	—	—	—	—	39.09 (0.376)	39.89 (0.341)	55.40 (0.162)
Max VIF	—	—	—	—	—	—	2.15	3.27	2.22
R-sq	—	—	—	—	—	—	0.133	0.107	0.133
Obs.	315	315	315	71	71	71	244	244	244

性别 gender 的影响只在城镇样本中显著为负,城镇男性户主家庭财富积累比女性户主家庭少 34% 左右。

年龄 age、家庭规模 fs、少儿抚养比 childr 均不显著。

总体样本中家庭健康状况 hs 显著为正,系数为 0.15。1997 年 hs 系数为 -0.46,在医疗保障还不完善的情况下,慢性病患家庭的持续性医疗支出当时还是对家庭财富起到了消耗作用。而随着医疗保险改革的推进和人民收入水平的提高,大部分家庭可以应付这部分医疗支出,对于家庭持续医疗支出的预期也使得慢性病患家庭开始进行预防性储蓄。

家庭中享有医疗保险的比例 mr,三个样本中均显著为正。情况同 2006 年,城镇样本明显大于农村样本。原因是新农村合作医疗 2003 年刚开始试点,2009 年基本确立,因此在 2008 年覆盖面仍然有限,其效应同样也有限。

方程五中使用交叉项 hs * mr 来代替 mr,以考察 2009 年享有医保且有慢性病患的家庭财富情况,该项在农村样本中不显著,在城镇样本和总体样本中显著。总体样本中,当 mr = 0 时,hs 对于家庭财富积累仍然是负影响,只有当 mr > 26.24% 时,持续性医疗支出对于慢性病患家庭财富负影响才完全缓解。而城镇样本中,当 mr > 52.12% 时,hs 对家庭财富积累的负影响才完全消除。2009 年总体样本中 mr 均值为 65.8%,城镇样本为 71.8%,均大于临界值,因此,医疗保险已经基本缓解了慢性病患家庭中的医疗支出。

预期房价增长率 eh 在三个样本中均不显著。

(六) 2011 年总体估计结果及分城乡估计结果

表 5-13 是 2011 年总体样本、城镇样本、农村样本的估计结果。

通过对 2011 年样本的总体估计和分城乡估计,可以看出,持久收入 logep 对于家庭财富净增量的影响显著为正,持久收入每增长 1%,总体样本家庭财富将增长约 0.7%,城镇样本约 1%,农村样本约 0.7%。相对于前期，持久收入的影响系数有所下降，和 2006 年不同的是农村样本是显著的，农村样本中持久收入对于家庭财富影响力下降是导致整体系数下降的原因。2011 年农村样本家庭总收入均值为 39215.16 元（剔除物价后），家庭财富价值为 21128.08 元，总体样本的家庭总收入均值及家庭财富价值分别为 40688.9 元、21911.57 元，农村家庭收入及资产与当年总体样本平均水平持平，收入渐渐不再是农村家庭储蓄行为的最大影响因素。

表 5-13　　　　　　　　2011 年样本估计结果

$\log W$	总体样本			城镇样本			农村样本		
	方程四	方程五	方程六	方程四	方程五	方程六	方程四	方程五	方程六
$\log ep$	0.582 (0.025)	0.723 (0.005)	0.588 (0.023)	1.042 (0.022)	1.035 (0.024)	0.985 (0.041)	0.593 (0.012)	0.715 (0.004)	0.567 (0.014)
kvarly	0.144 (0.416)	0.073 (0.706)	0.161 (0.363)	0.039 (0.910)	-0.083 (0.811)	0.107 (0.741)	0.209 (0.232)	0.159 (0.451)	0.149 (0.384)
age	00088 (0.543)	0.085 (0.557)	0.065 (0.659)	-0.218 (0.748)	-0.003 (0.996)	-0.454 (0.509)	0.211 (0.066)	0.185 (0.45)	0.219 (0.044)
$Age^2 * 10^{-3}$	-0.982 (0.558)	-1.027 (0.544)	-0.726 (0.671)	2.857 (0.705)	0.453 (0.953)	5.565 (0.468)	-2.312 (0.089)	-2.152 (0.155)	-2.477 (0.059)
gender	0.028 (0.826)	-0.041 (0.760)	0.029 (0.817)	0.063 (0.682)	0.059 (0.706)	0.059 (0.689)	-0.370 (0.030)	-0.437 (0.035)	-0.396 (0.064)
fs	0.060 (0.003)	0.044 (0.054)	0.059 (0.003)	-0.080 (0.396)	-0.106 (0.179)	-0.021 (0.848)	0.064 (0.001)	0.052 (0.024)	0.065 (0.001)
childr	0.124 (0.568)	0.172 (0.434)	0.149 (0.490)	0.184 (0.788)	0.286 (0.179)	0.125 (0.851)	0.204 (0.378)	0.266 (0.269)	0.187 (0.415)
hs	-0.073 (0.232)	-0.451 (0.003)	-0.084 (0.162)	0.003 (0.977)	-0.442 (0.260)	-0.009 (0.942)	-0.061 (0.350)	-0.335 (0.031)	-0.084 (0.180)
mr	0.615 (0.000)	—	0.639 (0.000)	0.473 (0.132)	—	0.583 (0.056)	0.589 (0.000)	—	0.637 (0.000)

续表

$\log W$	总体样本 方程四	总体样本 方程五	总体样本 方程六	城镇样本 方程四	城镇样本 方程五	城镇样本 方程六	农村样本 方程四	农村样本 方程五	农村样本 方程六
hs * mr	—	0.634 (0.003)	—	—	0.627 (0.186)	—	—	0.461 (0.065)	—
eh	—	—	-3.422 (0.010)	—	—	-4.055 (0.114)	—	—	-4.247 (0.002)
constants	-1.362 (0.678)	-1.282 (0.700)	-0.557 (0.868)	3.051 (0.838)	-1.241 (0.935)	8.542 (0.574)	-3.815 (0.169)	-3.131 (0.308)	-3.354 (0.208)
OID test	3.841 (0.698)	5.792 (0.447)	4.154 (0.656)	2.107 (0.909)	1.942 (0.925)	2.381 (0.882)	13.307 (0.503)	15.339 (0.355)	12.199 (0.5903)
First stage F value: $\log ep$	11.933 (0.000)	13.243 (0.000)	11.908 (0.000)	3.773 (0.001)	3.759 (0.001)	3.376 (0.003)	6.197 (0.000)	6.255 (0.000)	6.295 (0.000)
Shea's Partial R-sq: $\log ep$	0.226	0.237	0.225	0.306	0.304	0.305	0.279	0.285	0.280
First stage F value: $kvarly$	30.355 (0.000)	29.803 (0.000)	30.234 (0.000)	6.031 (0.000)	5.856 (0.000)	5.943 (0.000)	16.574 (0.000)	15.857 (0.000)	16.972 (0.000)
Shea's Partial R-sq: $kvarly$	0.478	0.477	0.476	0.546	0.542	0.553	0.516	0.516	0.519
Obs.	315	315	315	71	71	71	244	244	244

三个样本的收入不确定性 $kvarly$、少儿抚养比 childr 均不显著。

性别 gender 的影响只在农村样本中显著为负，农村男性户主家庭财富积累比女性户主家庭要少。

年龄 age 在农村样本中显著为正，影响系数为 0.2。与同样显著的 2000 年、2004 年相比，年龄的影响由负变正，在户主 50 岁以下的家庭中，户主年龄越大，家庭财富积累越多。2011 年农村样本中户主年龄平均值为 44.4 岁，介于 31—49 岁，因此年龄对于家庭财富的影响也体现出了一定的生命周期特征。

家庭规模 fs 在三个样本中均显著。家庭人数每增加一人，总体样本家庭财富增长 14.8%，城镇样本中将减少 27.6%，农村样本中将增长 12.2%。

三个样本中方程四家庭健康状况 hs 均不显著。

家庭中享有医疗保险的比例 mr，三个样本中均显著为正。与 2006 年、2009 年样本不同的是，城镇样本与农村样本的影响系数几乎相同。新农村合作医疗在 2010 年全面推行，而全面推行最初，医保对于农村居民的影响可能并不一定是实质性地减少了医疗支出，而是降低了家庭医疗支出的预期。虽然我们没有进一步的数据可以分析新农合全面推行后与城镇医保的比较，但目前来看医疗保险对于城乡家庭储蓄行为的影响差异在渐渐缩小。

而方程五中使用交叉项 hs * mr 来代替 mr 后，总体样本与农村样本中的 hs 与 hs * mr 均变得显著。总体样本中，当 mr = 0 时，hs 对于家庭财富积累仍然是负影响，只有当 mr > 71.14% 时，持续性医疗支出对于慢性病患家庭财富负影响才完全缓解。而农村样本中，当 mr > 72.67% 时，hs 对于家庭财富积累的负影响才完全消除。2011 年总体样本中 mr 均值为 62.37%，农村样本为 59.25%。均小于临界值，因此，医疗保险在本期只能缓解一部分慢性病患家庭的医疗支出，总体而言无法完全缓解。缓解能力较 2009 年有所下降。

预期房价增长率 eh 在三个样本中均显著为负。这和 2004 年、2006 年样本显著为正的结果大相径庭。我们假设家庭总资产中住房资产价值不为零的家庭数为拥有住房资产的家庭，这样我们可以计算出住房保有率。经计算，2004 年总体样本中居民住房保有率为 14.92%，2011 年总体样本中居民住房保有率为 90.79%，也就是说，2004—2011 年，有约 75% 的家庭变为有房家庭。住房拥有情况的变化，导致房价上升给家庭储蓄行为带来的影响也随之变化，总体影响变为财富效应，房价上升引致了更多消费，从而导致储蓄减少。

二 六个调查年份估计结果的总结分析

通过对 1997 年、2000 年、2004 年、2006 年、2009 年、2011 年六个调查年份的分别估计,我们将系数在 10% 显著性水平下显著的变量总结到了表 5-14 中,包括各年度总体样本、各年度城镇样本及各年度农村样本的估计结果。

表 5-14　　各年度各样本显著估计值

	log ep	$kvarly$	age	$gender$	fs	$childr$	hs	dm/mr	$hs*dm/hs*mr$	eh
总体样本										
1997 年	2	—	—	—	—0.7	—0.46	0.133	—0.477		—
2000 年	2.4	—	—0.32	—	—0.08	—	—	—0.163	—	—
2004 年	2.4	0.4	—0.27	—	—	—	—	—	—	4.146
2006 年	0.73	0.88	—	—	—	—	—	0.2	—	2.02
2009 年	2.3	0.7	—	—	—	—	0.15	0.25	0.381	—
2011 年	0.7	—	—	—	0.06	—	(—0.451)	0.63	0.634	—3.42
城镇样本										
1997 年	0.8	—	—	—	—	—	—0.47	—	—	—
2000 年	1.38	—	—	—	—0.09	0.9	—	—	—	—
2004 年	1	0.66	—0.025	—	—	—	—	0.44	0.553	3.38
2006 年	0.7	—	—0.04	—	—	—	—	0.53	—	3.917
2009 年	0.58	—	—	—0.34	—	—	—	0.75	0.754	—
2011 年	1	—	—	—	—0.14	—	—	0.58	—	—4.06
农村样本										
1997 年	1.78	—	—	—0.47	—	—1.1	—0.32	0.186	—0.808	—
2000 年	2.4	—	—0.29	—	—	—	—	—0.215	—	—
2004 年	2.3	0.4	—0.28	—	—0.4	—	—	—	—	4.369
2006 年	—	1.4	—	—	—0.4	—	—	0.19	—	2.162
2009 年	1.7	—	—	—	—	—	—	0.38	—	—
2011 年	0.7	—	0.2	—	—0.4	0.05	(—0.335)	0.6	0.461	—4.247

注:括号内的数值是指方程五中加入交叉项后变得显著的 hs 系数值,为了和方程三系数值做一个区分,因此加了括号。

本章前面各小节详细分析了各年度总体样本及分城乡样本的估计情况，这里不再一一赘述，而是探寻其中的规律或趋势问题。

各年度各样本的估计中，持久收入 logep 系数除 2006 年农村样本外，其余均显著，整体趋势均呈现出在 2000 年开始递减，收入对于家庭储蓄行为的影响正在慢慢减弱。

收入不确定性 kvarly 在 2004 年、2006 年、2009 年三个调查年份显著为正，是除收入之外，影响家庭储蓄的第二大因素。

户主年龄在 2006 年之前显著的年份均为负，到 2011 年农村样本变为正值，这应该和我们样本的筛选方法有关系，315 户户主在 1997—2011 年均不满 50 周岁，因此在样本早期，绝大部分户主都是处于青年阶段，而到了 2011 年，部分户主年龄接近 50 岁，因此年龄对于家庭储蓄行为的影响开始呈现出生命周期阶段特征。

户主性别 gender 主要是在农村样本中显著，男性户主家庭的财富积累比女性户主家庭要少。

家庭规模 fs 对于家庭储蓄行为的影响，总体样本是由负变正，城镇样本负影响变得更大，而农村样本 2011 年显著为正。在 315 户样本中，婚姻状况基本均为正常已婚，则 2000 年样本中家庭人数的增加从年龄结构上看，最大可能是子女，而子女意味着更多的抚养支出和教育支出。2011 年样本中家庭人数的增加从年龄结构上看，一部分为子女，另一部分为儿女婚姻。农村居民家庭普遍结婚较早，城镇居民家庭生育年龄较晚，因此城镇和农村又分别呈现出不同符号的影响系数。

少儿抚养率 childr 在 1997 年农村样本显著为负，在 2000 年城镇样本显著为正，城镇农村的情况恰好相反，农村家庭未成年子女的抚养压力很大，城镇家庭主要是因为较高的教育支出动机而有着很强的谨慎性动机。

家庭健康状况 hs 在 1997 年样本中显著为负，2009 年样本中显著为正。这个转变也说明在医疗保障还不完善的情况下，慢性病患家庭的持续性医疗支出对家庭财富的作用由消耗变为预防性储蓄。

医疗保险状况 dm/mr，整体趋势是随着医疗保险改革的推进和普及，医疗保险对于家庭储蓄行为的影响越来越大，其中农村样本影响系数的增加比较明显，在很大程度上增进了居民的财富。

交叉项 hs * dm/hs * mr，1997 年样本中为负，结合 hs 系数来看，医疗保险完全不能缓解慢性病患家庭的医疗支出。2009 年，医疗保险已经缓解了总体和城镇样本中慢性病患家庭中的医疗支出。2011 年，医疗保险只能缓解一部分慢性病患家庭的医疗支出，总体而言无法完全缓解，缓解能力较 2009 年有所下降。

预期房价增长率 eh 从 2004 年开始的影响系数开始下降，并随着居民家庭住房保有率上升，这种效应开始转变性质或方向，总体影响变为财富效应，房价上升引致了更多消费，从而储蓄减少。

第四节 本章小结

第四章我们分析了 1997—2011 年家庭的总体储蓄行为。然而，相关的各项关键政策及现象在这期间发生了很大的变化。居民家庭不仅面临着收入的不确定，还面临着诸如医疗问题、住房问题、养老问题、教育问题等可能带来的支出不确定。虽然在此期间各项改革及政策逐步完善，但各项政策落实时间又各不相同，因此本章检验了这些因素在各年度对于家庭储蓄行为的影响以及医疗保险的缓解效果。

从使用的样本来看，1997 年样本的户主平均年龄为 30.62 岁，最大的 35 岁，样本处于青年时期。时间推移到期末，样本进入中青年混合的时期。伴随着各项改革的深入及样本生命周期阶段的变化，样本描述性统计如下：各年度持久收入均值稳步上升；少儿抚养率在 2004 年开始下降；家庭健康状况也是逐步变差，慢性病患家庭从 1997 年样本中的 27 个增长为 2011 年的 80 个；医疗保险的家庭覆盖率从 1997 年的 30.2%，上升为 2011 年的 98.1%；家庭中参加医疗保险的人数占家庭规模的比重从 1997 年的 26.9% 上升为 2009 年的 65.8%。

使用样本总体及分城乡分析居民家庭的储蓄行为，所得到的结果同时反映出了家庭储蓄行为的生命周期特征，以及我国各项改革的进程及效果。

总体来看，持久收入虽然稳步上升，在家庭储蓄行为中的影响系数最大，然而整体趋势在 2000 年开始递减，收入对于家庭储蓄行为的影响慢慢减弱。而收入不确定性在中间几个调查年份对于家庭财富积累有显著的促进作用，是除收入之外，影响家庭储蓄的第二大因素。户主年龄、家庭规模、少儿抚养率、家庭健康状况均呈现了一定的生命周期特征，随着年龄的推移，对于家庭储蓄行为的影响均发生了由负到正的变化。医疗保险状况的整体趋势是随着医疗保险改革的推进和普及，医疗保险对于家庭储蓄行为的影响越来越大。而从医疗保险对于慢性病患家庭医疗支出的缓解情况来看，从一开始的完全不能缓解，到 2009 年总体上缓解，后来又到 2011 年只能缓解一部分，也看到了我国医疗保险改革的成效及不足。另外，随着居民家庭住房保有率上升，预期房价增长率的影响也从对消费的挤出效应变为财富效应。

分城乡分别估计后发现，城乡居民家庭间在同时期众多行为中均出现相异之处。例如：持久收入的影响，城镇弱于农村；家庭规模、少儿抚养率的影响同年度方向相反；户主性别主要在农村居民中显著；医疗保险农村样本影响系数增长得更快。这些都在一定程度上反映了我国城乡居民家庭之间在收入水平、家庭观念、家庭构成等方面存在着异质性。

第六章 较短经济周期内城镇居民预防性储蓄行为的宏观分析

前两章我们分别估计了预防性储蓄在1997—2011年的比例，以及这部分家庭在上述不同时期的储蓄行为。家庭不同时期的行为会受到各项政策变迁的影响，并体现出明显的生命周期特征。在以上两个以年度数据为样本的分析中，我们的隐含假定是居民家庭在当年能够对不确定性做出完全反应。在完全信息下，居民可以无成本地获取影响其消费与储蓄行为等经济活动的所有信息，且基于这些信息，可以对未来做出无偏估计。但现实中很多信息的获取是有成本的，或信息更新是缓慢的，消费者在很大程度上也受到黏性预期的影响，这一系列因素会导致相关政策刺激、收入冲击等带来的效应出现延续和滞后。卡罗尔（2005）使用美国流行病传播的相关模型，检验出信息在居民之间传播是缓慢的，而居民的信息更新也是缓慢的，由此产生了黏性预期。

第一节 基于黏性信息理论的预防性储蓄行为模型

一 黏性信息理论在消费经济领域的应用

黏性信息是新兴不完全信息理论的研究方向之一，由曼昆

（Mankiw）和赖斯（Reis）于21世纪初创立，并不断经卡罗尔（2003）、普法日罗（Pfajfar）和桑托罗（Santoro）、何运信（2014）等学者拓展。依据黏性信息理论，并不是所有经济单位都基于最全、最新的信息做出经济决策。黏性信息模型放松了所有经济单位每个时刻都是理性的这一假设，由此可以解释传统经济理论无法解释的一些现象。这些学者依据微观群体信息获取程度不同，区分异质性群体，进而检验了美国、欧洲、中国、南非等国家或地区居民的信息黏性程度，证实了居民预期存在信息黏性是普遍现象，只是各国居民的信息更新频率存在明显差异，这是从外生信息黏性的角度来考虑的。赖斯（2006a，2006b）尝试将信息黏性内生化，认为消费者内生的信息黏性取决于风险、实际利率与计划成本的高低。这些结果是对黏性信息理论的有力支持。国内外学者们曾用黏性信息解释了微观消费者行为的过度敏感性与过度平滑性、宏观通货膨胀与产出的动态关系、通胀与菲利普斯曲线及货币政策的响应等，国外如曼昆和赖斯（2006，2010）、科诺特克（Knotek，2010）、科比（Coibion，2010），国内如彭兴韵（2011）、石明明和刘向东（2015）、张成思和党超（2015）、卞志村和胡恒强（2016）。我国学者们更多的是应用黏性信息理论解释通货膨胀领域的问题，应用于消费及储蓄行为分析的却如凤毛麟角。由于信息存在黏性特征，获取需要成本，当部分消费者无法在完全信息下做出跨期最优决策，而只能选择理性疏忽从而使用滞后信息决策时，整个经济中的消费者就分成了两类，一类是预期更为准确的专家组，按照最新信息决策，另一类是滞后于专家预期的公众组，按照滞后信息决策，其中公众组会有一部分居民追随专家组的预期，而剩余的大部分居民发现更新信息是需要成本的，当获取信息决策的边际收益小于获得信息带来的边际成本时，人们宁愿继续使用过去的信息，而对当前的信息选择理性疏忽。那么信息获取量不同会导致两组的消费行为出现异质，从而致使各类消费需求刺激政策的传导及影响力在短期内出现分化，政策效果就会大打折扣。深入剖析黏性信息下我国城镇居民和农村居民的消费行为特征，对于全面、深入认识我国居民的消费行为，制定实施释放居民消费需求的政策意义重大。

国内外众多该领域的相关研究都是基于习惯形成，认为消费习惯一旦形成，是很难在短期内改变的，消费不仅仅取决于收入，还受前期消费的影响。这种情况下，当收入受到冲击时，居民对消费的调整就是缓慢的。杜森贝里（Duesenberry）认为消费存在棘轮效应和示范效应，从而在消费者行为的研究当中最早引入了习惯因素。戴南（2000）通过家庭微观数据研究发现，滞后一期的消费与收入不确定性对当期的消费具有重要影响。杭斌（2009，2010）在修正戴南模型的基础上得出了和戴南（2000）一致的结论，发现消费习惯和收入不确定性与我国城镇居民的平均消费倾向均存在反向影响，也是影响我国农户消费行为的重要变量。这一系列研究证明消费习惯在消费者行为中起着很重要的作用。消费习惯在有些文献中也称为消费黏性，但实际上消费黏性不只是由消费习惯引起的，也会由信息疏忽、滞后等因素引起。卡罗尔与斯拉卡莱克（Slacalek）2006年则从信息不完全的角度利用预期调整的迟缓介绍了消费的黏性。卡罗尔（2011）认为不管哪种解释更合理，消费行为均存在跨期依赖，在分析了传统财富效应实证方法的不足后，将与现实更贴近的黏性信息因素纳入了财富效应的度量中，结合消费增长的动态演变规律，提出了一种度量财富效应的新方法，认为黏性信息下财富效应存在两大维度，即速度（speed）与力度（strength），从而使黏性信息与财富效应很好地结合起来。消费对于冲击的反应是有速度的，且比随机游走的基准模型要慢得多，而其力度则取决于黏性信息的大小及作用的时间区间。具体来说，这种速度和力度使得在估计财富效应时可分为直接财富效应（本期冲击对下一期消费的直接影响）和累积财富效应（由之前各期的黏性影响累积加总得出）。具体实证模型为在CRRA效用函数中加入黏性信息因素，在戴南（2000）模型框架下得到跨期最优的欧拉方程，进而得出测量黏性信息系数和测量直接财富效应的实证方程，并以黏性信息系数为公比，以当期财富效应为首项，利用等比数列求和公式得出累积的财富效应。

同样，收入不确定性和其他收入冲击一样，也可以看作是一种经济信息，不排除部分居民因为信息获取成本等原因而没有及时对于储蓄和消费做出调整。那么居民的消费和储蓄行为中就均存在着黏性预期带来的影响。借鉴卡罗尔（2005，2011）的研究思路，我们同样把这个作用期设置为一个季度，而对 t 季度消费和储蓄行为影响较大的为前后四个季度，也就是说，经过四个季度的调整，我们可以近似地认为居民 i 年的消费储蓄行为已经充分体现了 i 年的经济冲击。所以，本章研究的内容与之前两章是没有矛盾的，相反，这是一个有益的补充，可以更进一步地洞察更短的经济周期内的居民消费和储蓄行为。

从上述几方面来看，将黏性信息糅合进预防性储蓄行为分析中，研究两者对于居民消费与储蓄行为的叠加效应，具有较高的理论研究价值和实践意义，是学术研究更加贴近现实的尝试。

二 戴南习惯形成模型

戴南在 2000 年研究习惯形成的一篇文章中提出了以 CRRA 效用函数为基础的消费者跨期选择行为模型。模型假设随机变量 C_t 为 t 期消费者的实际消费支出，$\beta = \dfrac{1}{1+\delta}$ 为折现因子，其中 δ 为时间偏好率，E_t 表示消费者根据 t 期所有可能获得的信息所作出的预期。这里的 CRRA 效用函数引入了消费黏性因素，即代表性消费者的效用函数满足：

$$U(C,h) = \frac{(C - xh)^{1-\rho}}{1-\rho} \qquad (6-1)$$

式中：x 表示度量消费黏性大小的系数，满足 $0 < x < 1$；ρ 为相对风险厌恶系数；h 为习惯存量，即之前各期消费的加权平均数，满足：

$$h_t = (1-\theta)h_{t-1} + C_{t-1} \quad (6-2)$$

通常认为，滞后一期的习惯因素比滞后两期甚至更长时间的习惯作用要大得多，贾男、张亮亮（2011）也证明了这一点。因此为处理方便，此处假定 $\theta = 1$，即当前消费的效用仅与前一期消费在本期的影响值有关。则效用函数变为：

$$U(C_t) = \frac{(C_t - xC_{t-1})^{1-\rho}}{1-\rho} \quad (6-3)$$

这样，加入消费黏性因素的剩余寿命为 T 期的消费者跨期最优选择行为的表达式为：

$$\max E_t \sum_{i=0}^{T} \beta^i U(C_t) \quad (6-4)$$

求解该最优化问题，按照当期消费的边际效用等于下一期消费边际效用的折现值的条件，可以得到跨期消费最优的欧拉方程：

$$U'(C_t) = R\beta E_t[U'(C_{t+1})] \quad (6-5)$$

上式可以简化为：

$$R\beta \frac{U'_{t+1}}{U'_t} = 1 + \varepsilon_t \quad (6-6)$$

代入 CRRA 形式后，两边取自然对数，方程（6-6）变为：

$$\Delta \ln(C_t - xC_{t-1}) = \frac{1}{\rho}[\ln R + \ln \beta] - \frac{1}{\rho}\ln(1+\varepsilon_t) \quad (6-7)$$

根据米尔鲍尔（Muellbauer, 1988）的研究结论，上述方程左侧可以用 $\Delta \ln C_t - x\Delta \ln C_{t-1}$ 近似替代，则得出消费增长动态模型：

$$\Delta \ln C_t = \alpha_0 + x\Delta \ln C_{t-1} + \varepsilon_t \quad (6-8)$$

从方程（6-8）可以看出，消费黏性因素使得本期消费增长率与上一期的消费增长率呈现正的相关关系，而外部冲击不仅影响当前期消费，还会波及下一期，波及程度的大小取决于黏性系数。正是消费者对这种外部冲击反应的滞后，恰说明了消费者期望平滑消费、排斥消费剧烈波动的一种谨慎心态。

三 卡罗尔用于度量财富效应时的改进

（一）度量黏性信息系数

由戴南模型推导出来的方程（6-8）中，由对数方程决定的估计系数 x 是一个弹性的概念，是不能直接反映 t 期与 $t+1$ 期消费绝对额变化关系的。在度量财富效应时，若将总资产分为房产和金融资产，则增长率的形式同样行不通。卡罗尔（2011）用消费或财富的变化比上初始消费水平作为一种变化率（或相对于初始时期的增长率）形式对方程（6-8）对数方程做了一个改进。即：

$$\partial C_t = \frac{C_t - C_{t-1}}{C_{t-5}} \qquad (6-9)$$

$$\partial B_{t-1} = \frac{B_{t-1} - B_{t-2}}{C_{t-5}} \qquad (6-10)$$

之所以选择（$t-5$）期，是因为卡罗尔选择了美国的季度数据样本，而后面的分析中用到了滞后一年（4期）的数据，所以这里的初始值选择了滞后5期。用上述变化率的形式替代方程（6-8）中对数增长率的形式，得到如下估计消费黏性系数的方程：

$$\partial C_t = \gamma + x \partial C_{t-1} + \mu_t \qquad (6-11)$$

（二）度量直接财富效应和累积财富效应

给定一个当期的财富效应（即本期资产变动对下一期消费的影响）为 k，则由资产价值变动引起的当期消费变动为之前多期资产冲击波及当期后，所引起的消费变化之和，我们取影响较大的前4期，即：

$$\Delta C_t \approx kx(\Delta B_{t-1} + x\Delta B_{t-2} + x^2 \Delta B_{t-3} + x^3 \Delta B_{t-4}) + \varepsilon_t$$
$$(6-12)$$

同时设定：

$$\bar{\partial} B_t = (\Delta B_{t-1} + x\Delta B_{t-2} + x^2 \Delta B_{t-3} + x^3 \Delta B_{t-4})/C_{t-4} \quad (6-13)$$

则依据方程（6-9）计算得出：

$$\partial C_t = \gamma + \alpha \bar{\partial} B_{t-1} \quad (6-14)$$

之所以用滞后一期的资产数据，是因为资产的数据是时点数，是季末最后一天的数据，而消费却在整个季度中连续发生。假设 $\alpha = xk$，则 α 为 $t-1$ 期的财富效应。而之前多期资产每一单位的冲击波及当期后，带来的累积的财富效应（用 K 表示）是在多期内财富效应的叠加，构成了一个以黏性系数为公比，以当期财富效应为首项的等比数列，通过等比数列求和公式得出：

$$K = \frac{k}{1-x} = \frac{\alpha}{x(1-x)} \quad (6-15)$$

综合起来，度量直接财富效应和累积财富效应的步骤分别为：

第一步，利用工具变量估计方程（6-11），得出黏性系数 x；

第二步，依据式（6-13）构建估计量 ∂B_{it}，用同样方法也构建出金融资产和房产的该统计量；

第三步，估计方程（6-14），将方程（6-14）中的总资产分为房产与金融资产两种形式，再次估计得出三类资产直接的财富效应；

第四步，利用方程（6-14）的估计结果和公式（6-15），求出各类资产累积的财富效应。

四 黏性信息下未来各期不确定性的叠加效应度量方法

完全信息下的消费与储蓄行为是在生命周期内做出的跨期消费决策的无偏估计。然而现实中完全信息是可望而不可即的，表现在获取信息需要成本，更新信息需要时间，这就意味着短期与长期间消费行为决策时的信息量是不同的。卡罗尔（2005）使用美国流行病学传播的相关数学与逻辑表述模型，通过渐近分析得出，居民信息更新有一定的时间间隔，而居民预期也具有黏性特征。在外生黏性信息下，如果把居民分为两组，一组是预期更为准确的专家组和追随专家组预期的部分公众，另一组是滞后于专家预期的公众组，这部分居民发现更新信息需要成本，当获取信息后进而决策所取得的边际收益小于因获取信息所带来的边际成本时，人们会理性地放弃更新信息，从而继续使用已掌握的滞后信息。因此最新信息获取程度的差异会导致上述两组居民的消费行为出现异质。第二组居民信息的不完全，导致了居民总体预期的黏性，因此总体消费与储蓄行为就会受到影响，此时消费不仅仅取决于持久收入，还部分地取决于前期消费。同时，当收入受到冲击时，由于冲击信息传达的不完全性，居民对消费的调整相应也是迟滞的。

给定一个季度的时间①，第一组居民在一个季度内及时更新信息，第二组居民未及时更新信息，则第一组居民所占的比例也恰是居民整体当季更新信息的概率。借鉴戴南（2000）在 CRRA 效用函数中引入消费习惯的模型②，这里在 CRRA 效用函数中引入了黏性信息，经推导得出黏性信息特征下消费增长的动态模型（6-8）。其中，C_t 为 t 期消费者的实际消费支出，x 表示度量信息黏性大小的参数，满足 $0 < x < 1$，则居民当季更新信息的概率为 $1 - x$，方程（6-8）体现了黏性信息因素使得本期消费增长率受到滞后一期消费增长率的影响，并呈现正的相关关系，或者说黏性信息下本期消费决策部分地取决于滞后信息。

收入不确定性和其他冲击一样，也可以看作是一种经济信息，也具有信息黏性的特征。不排除部分居民因为信息获取成本等原因

---

① 跨期依赖程度依据时间间隔由短到长而逐渐减弱，因此数据频率的选取比较关键，需要考虑到各类与居民收支相关的宏观经济信息公布的频率。国家统计局数据公布的频率分别为月度、季度、年度，而月度数据中不包含国民经济核算与居民收支情况核算，因此选取了介于月度与年度数据之间的季度数据作为本章的考察频率。

② 消费习惯在有些文献中也称为消费黏性，卡罗尔等（2011）认为不管哪种称呼更合理，均描述的是消费行为的跨期依赖性。或者说消费习惯、黏性信息均是消费行为跨期依赖的原因及表现，更进一步讲，黏性信息是更深层次的概念，信息的滞后（或不完全）导致了消费的惯性。因此，可参照习惯形成参数的处理方式来对黏性信息所带来的跨期依赖程度进行度量。

而没有及时对于储蓄和消费做出充分调整,从而延续前期对于所面临不确定性的应对模式,那么居民的消费和储蓄行为中就不可忽略这种具有黏性信息特征的收入不确定性带来的影响。黏性信息下,消费者做出决策所采用的信息均不完全,但单个消费者在做出消费决策、储蓄决策时的信息量是相同的。假设消费者在考察期内各期信息黏性程度保持不变,那么在受到收入不确定性冲击的情况下,黏性信息因素不仅会使得消费行为出现黏性,储蓄行为也会表现为相同程度的黏性,且这种跨期依赖性数值上均为 x。因此,下文中我们可以使用消费黏性参数的估计结果来衡量信息黏性的程度,并进一步修正收入不确定性的衡量指标,构造具有黏性信息特征的收入不确定性变量,而后者是通过对未来各期不确定性跨期黏性传导进行逐期累计实现的。假设估计出的消费黏性系数为 0.7,则将意味着每个季度有 70% 比例的消费者不更新决策信息,或者每个季度有 70% 的消费者受到黏性信息等因素的影响,而相应地,只有 30% 的消费者及时使用最新信息进行决策。也可解释为,整体消费者都是同质的情形下,每期的决策只采用 30% 的最新信息,另外 70% 的决策信息为滞后信息。根据以上分析,接下来将逐步构建不确定性与黏性信息叠加影响居民消费储蓄行为的分析框架。

居民预防性储蓄行为是基于未来收入的不确定性所采取的行动,是未来各期影响当期。即,t 期为了应对将来不确定性而确立的目标财富收入比是为了应对未来 $t+1$、$t+2$、$t+3$、$t+4$ 等期收入不确定性 ω_{t+1}、ω_{t+2}、ω_{t+3}、ω_{t+4} 的共同影响下的结果。而同样,未来各期收入不确定性也是在信息黏性的影响下感知,其传导具有相同程度的跨期依赖性。假设我们给定一个当期的影响系数(即本期及未来不确定性的累计值对本期财富积累的影响)为 β,如此,我们可以将 t 期所面临的收入不确定性 θ_t 做出考虑黏性信息时的修正,即当期财富目标确立为应对之后多期不确定性传导到当期后的叠加值,则公式(4-2)转化为:

$$\ln \frac{W_t}{P_t} \approx \alpha_0 + \beta(\omega_t + x\omega_{t+1} + x^2\omega_{t+2} + x^3\omega_{t+3} + x^4\omega_{t+4} + \cdots) + \varepsilon_t$$

$$(6-16)$$

同时设定：

$$T\pi_t = \omega_t + x\omega_{t+1} + x^2\omega_{t+2} + x^3\omega_{t+3} + x^4\omega_{t+4} + \cdots \quad (6-17)$$

则可以得出：

$$\ln \frac{W_t}{P_t} = \alpha_0 + \beta T\pi_t + \varepsilon_t \quad (6-18)$$

式中：x 为信息黏性参数；ω_t 为不确定性；$T\pi_t$ 为不确定性在黏性信息作用下的一个逐期叠加累计值，可以估计出多期不确定性的冲击影响到当期后，带来的累积影响，可看作是收入不确定性指标考虑黏性信息时的修正，也是衡量不确定性、黏性信息叠加效应的变量。

五 修正后的收入不确定性指标 $T\pi_t$ 的构建

在构建收入不确定性统计量的过程中，我们发现，不管使用哪种不确定性的代理变量，未来不确定性对于当期的影响都是消费者基于当期或过去情况的潜在感知，即消费者基于当期或过去已知的情况（已知当期的不确定性为 ω_t）而做出的对于未来情况的主观判断。消费者 t 期所面临的不确定性作为一种经济信息，会以 x 的黏性强度传递到 $t+1$ 期，则黏性预期下消费者预期 $t+1$ 期的不确定性强度传递到当期后将为 $x\omega_t$；也会以 $x^2\omega_t$ 的黏性强度传递到 $t+2$ 期，则黏性预期下消费者预期 $t+2$ 期的不确定性强度将为 $x^2\omega_t$；以此类推。因此，t 期财富与持久收入比的调整是为了应对未来各期累计不确定性的渐进结果。综上，在将未来各期无限扩展之后，我们将式（6-16）做出变化如下：

$$\ln \frac{W_t}{P_t} = a_0 + \beta(\omega_t + x\omega_t + x^2\omega_t + x^3\omega_t + x^4\omega_t + \cdots) + \varepsilon_t$$

$$(6-19)$$

则，$T\pi_t = \omega_t(1 + x + x^2 + x^3 + x^4 + \cdots) = \dfrac{\omega_t}{1-x}$，由于 $0 < x < 1$，可以看出，黏性信息的存在，使得当期面临的不确定性呈倍数放大，即黏性信息下居民面临的不确定性要数倍于不考虑黏性信息的情况。当黏性程度 x 降低，逐期累积的不确定性 $T\pi_t$ 减少，反之亦然。说明黏性信息强化了实际面临的不确定性程度，进而增加了预防性储蓄。进而式（6-19）转化为：

$$\ln \dfrac{W_t}{P_t} = \gamma_i + gT\pi_t + \varepsilon_t \qquad (6-20)$$

进一步，推导得出：

$$\ln W_t = \gamma_i + gT\pi_t + k\ln P_t + \varepsilon_t \qquad (6-21)$$

综合起来，度量黏性信息、收入不确定性叠加效应的步骤分别为：

第一步，估计方程（6-8），得出信息黏性参数 x；

第二步，选择衡量收入不确定性的变量 ω_t，依据式（6-17）及信息黏性参数 x 的估计结果构建估计量 $T\pi_t$；

第三步，估计方程（6-21），测度黏性信息、不确定性的叠加效应。

第二节 数据描述及变量选择

一 季度面板数据及描述性统计

本章样本区间选择了 2000—2012 年城镇居民样本，数据频率为季度。各指标均采用各省市的人均数值，因人均数值可视为该省市的一个典型消费者。28 省市为不包含云南、西藏、甘肃的其他省市。人均消费所用数据采用了城镇居民人均现金消费支出，人均收入采用城镇居民人均可支配收入，人均住房资产为城镇居民人均住宅建筑面积×住宅销售额÷住宅销售面积。人均金融资产为城乡居民储蓄存款余额÷常住人口数，需要关注的是该变量应为人均储蓄存款，而非城镇人均储蓄存款，但由于城镇居民储蓄存款没有连续的数据，且资金流量表中家庭住户部门的金融资产数据偏低，进而选取了占金融资产比重最大的储蓄存款这个变量。人均总资产近似地等于人均金融资产与人均住房资产的和。

由于我们只能得到城乡人均储蓄的数据，而无法得到城镇居民的具体储蓄值，因此 ΔW_t 的测度变得不太准确。这里借鉴杭斌（2009，2010）的处理方法，使用消费支出对家庭储蓄进行了替换。当收入不确定性增加时，人们会增加财富积累，进而相应地减少支出。因此，式（6-21）变为：

$$\ln C_t = g_i + gT\pi_t + k\ln P_t + \varepsilon_t \qquad (6-22)$$

相关数据的处理均剔除了以 2000 年为基期的城市居民消费价格指数，同时有季节趋势的数据用 Eviews 6.0 软件做了 X12 法季度调整以剔除季度因素及个别不规则因素的影响。对于个别极端值采取了取前后两期的平均值作为插值的办法。部分数据少数年份只有年度数据，利用 Eviews 6.0 的数据频率转换补齐了少量季度数据。数据来源为中经网统计数据库和产业数据库、国家统计局网站、各省市统计年鉴及 2002—2005 年《城镇房屋概况统计公报》。各变量的总体统计特征见表 6-1。

表6-1　全国28省市2000—2012年季度面板数据总体统计特征

单位：元

变量名	均值	标准差	最小值	最大值	观测值
人均消费 C	2070	801	900	5156	1456
人均金融资产 F	3505	3189	332	20951	1456
人均房产 H	80643	68449	10735	425877	1456
人均总资产 B	84148	71305	11625	444676	1456
人均可支配收入 Y	3061	2087	1128	18430	1456

从表6-1可以看出，人均可支配收入均值为3061元，人均消费均值为2070元，2000年到2012年我国城镇居民的平均消费倾向在0.67左右。人均总资产均值为84148元，其中人均房产占比高达95.8%，金融资产仅占约4.2%。房产在我国居民资产的构成中占据绝对主要的地位。横向来看，我国各省市城镇居民人均可支配收入、资产、消费这些指标的均值和极值相差都较大，说明我国各省市间城镇居民的收入及家庭资产水平、消费水平均差距较大，这是由我国区域间经济发展不平衡导致的。

二 面板估计方程的确立

以上步骤和公式均为计算时间序列数据的公式，在具体应用到本书的面板数据中时，我们先来考虑面板数据的三种估计策略：一是要求样本中每个个体都拥有完全相同的回归方程，进行混合回归；二是为每个个体估计一个单独的回归方程；三是以上两种方式的折中，即假定个体的回归方程拥有相同的斜率，但可以有不同的截距。可以看出，无论哪种估计策略，各个省份作为个体，每个个体都适用我们上述时间序列的公式，各个体间组成的面板则需要添加横截面维度，转变为面板方程，各主要估计方程的转换如下：

式（6-11）变为：$\partial C_{it} = \gamma + x\partial C_{i,t-1} + \mu_{it}$ （6-23）

式（6-12）变为：$\Delta C_{it} \approx g(\omega_{it} + x\omega_{i,t+1} + x^2\omega_{i,t+2} + x^3\omega_{i,t+3} + x^4\omega_{i,t+4}) + \varepsilon_{it}$ （6-24）

式（6-22）变为：$\ln C_{it} = g_{it} + gT\pi_{it} + k\ln P_{it} + \varepsilon_{it}$ （6-25）

三 不确定性替代变量的说明

使用宏观数据时，收入不确定性的度量是一个难点。学术界对于该问题并未达成共识，不同学者使用的测算方法均不同，常见的方法主要有：失业率、职业等代理变量；收入增长率、标准差或方差等可以代表收入波动性的变量；等等。依据数据的可得性，我们对比了数据样本期间各省市收入增长率与消费增长率的方差，如图 6 - 1 所示。可以发现，在 28 个省市中，除上海和天津外，其余 26 个省市的收入增长率样本方差均小于消费增长率的方差。从总计方差来看，收入增长率的总计方差为 0.000374，消费增长率的总计方差为 0.001918。因此，在 2000—2012 年，消费并没有像生命周期假说描述的那样平滑，而是充满了波动，消费增长率的波动也恰说明了居民行为的谨慎性。然而，居民是基于过去的消费增长率来预测未来的，因此，这里采用了预期消费增长率作为不确定性，其中 t 期预期消费增长率 erc_t 为 $t-1$、$t-2$、$t-3$ 期消费增长率的均值。

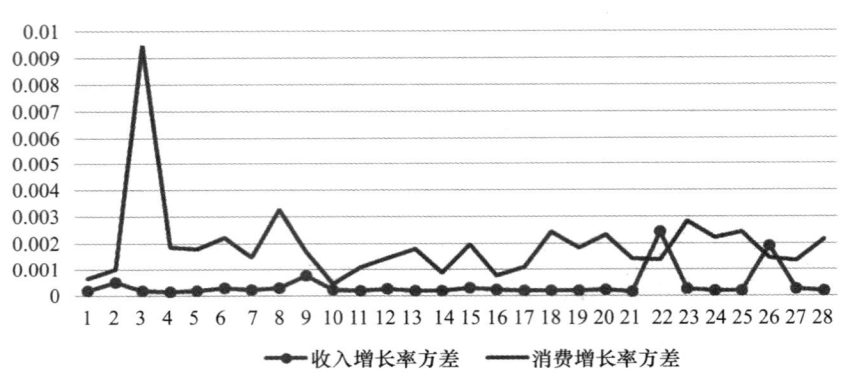

图 6 - 1　收入和消费增长率方差折线图

第三节　城镇居民黏性信息参数的估计

一　平稳性检验

本书的以下估计均使用了 Stata12 计量软件。首先检验面板数据的平稳性，选择了列文、林和朱（Levin，Lin and Chu，简称 LLC）检验方法。因人均消费支出与各类资产、收入等变量在处理过程中均经过了一阶差分，所以本书研究中所有变量平稳性较好。检验结果见表 6 - 2。

表 6-2 变量的 LLC 单位根检验结果

变量名	LLC 检验相关系数	p 值
消费的变化率 ∂C_{it}	-1.662	0.000
金融资产的变化率 ∂F_{it}	-0.356	0.000
房产的变化率 ∂H_{it}	-1.575	0.000
总资产的变化率 ∂B_{it}	-1.576	0.000
收入的变化率 ∂Y_{it}	-0.481	0.000
预期消费增长率 erc_{it}	-0.710	0.000
消费变动额 ΔC_{it}	-1.682	0.000

二 黏性系数估计结果与分析

我们使用方程（6-23）来估计黏性系数。对于式（6-23）所确定的模型内生性问题，我们使用豪斯曼检验方法，结果 χ^2 值为 63.95，对应 p 值为 0.0000，因此解释变量具有内生性，需采用面板工具变量法进行估计。而由 ∂C_{it}、∂B_{it}、∂Y_{it} 的定义式，我们很容易可以推出以下方程：

$$\partial C_{it} = \alpha_0 + \alpha_1 \partial B_{i,t-1} \quad (6-26)$$

$$\partial C_{it} = \alpha_0 + \alpha_1 \partial Y_{i,t-1} \quad (6-27)$$

各种经验研究证明了，收入是影响消费的首要因素，因此本书在卡罗尔（2011）的研究方法的基础上，构造了统计量 ∂Y_{it}，并得到方程（6-27）。在变化率的形式下，我们可以将总资产拆分为金融资产与住房资产的和，得出：

$$\partial C_{it} = \alpha_0 + \alpha_1 \partial F_{i,t-1} + \alpha_2 \partial H_{i,t-1} \quad (6-28)$$

可以看到，这三个方程为我们用面板工具变量法估计方程（6-23）提供了依据。考虑到以下原因，上面三个方程中解释变量都采用了滞后一阶的变量：第一，资产数据和收入数据是季度末的时点数，而消费却在整个季度中连续发生，即本期资产价值的变动及收入的变动对消费的影响只会从下一期开始产生，并逐渐蔓延至今后各期；第二，若消费、资产、收入被同一潜在的宏观变量同时干扰时，资产与收入反应较快，使用同期数据容易产生误差；第三，中高频数据中消费的预测也需要滞后数据。具体到数据结构上，我们分别作出当期、一阶滞后、二阶滞后的解释变量与被解释变量的时间趋势图，显示一阶滞后的解释变量与被解释变量拟合程度最好。根据式（6-23）—式（6-26）确定的关系，工具变量应选取收入变化率、资产变化率的二阶滞后。估计结果详见表6-3。

表6-3第一行是单独以可支配收入二阶滞后 $\partial Y_{i,t-2}$ 作为消费变化率一阶滞后 $\partial C_{i,t-1}$ 的工具变量，得出的黏性系数为0.785，但时间趋势和常数项均不显著，且因工具变量个数等于内生变量个数而无法行过度识别性检验。第二行是以可支配收入、总资产的二阶滞后为工具变量，第三行同时以可支配收入、金融资产、住房资产的二阶滞后为工具变量。可以观察到，后面两行的各项结果均类似，且每项系数都显著，均通过了过度识别性检验。因消费同时受到收入及资产的影响，因此以资产和收入同时作为工具变量更准确一些，因此选择消费黏性系数为第二、第三行估计系数的近似值0.6，这比卡罗尔（2011）利用美国的数据得出的黏性系数0.71稍小。说明这一时期城镇居民的消费波动呈现出非常显著的跨期相关性，因此任何冲击都会对后续的消费施加持续的影响。时间趋势显著为负说明消费的变化率随着时间的变化呈递减趋势，但该项估计值较小。

表6-3　　　　　　　　消费黏性系数估计结果

工具变量	黏性系数 x	Quarter 时间趋势	常数项	R^2 overall	过度识别性检验 p 值
$\partial Y_{i,t-2}$	0.785 (0.000)	0.00001 (0.831)	0.004 (0.548)	0.151	—
$\partial Y_{i,t-2}$、$\partial B_{i,t-2}$	0.595 (0.001)	-0.00007 (0.004)	0.011 (0.011)	0.149	0.363
$\partial Y_{i,t-2}$、$\partial F_{i,t-2}$、$\partial H_{i,t-2}$	0.606 (0.001)	-0.00007 (0.029)	0.010 (0.024)	0.149	0.536

第四节 信息黏性、不确定性对城镇居民储蓄行为的叠加效应估计

根据以上黏性系数的估计结果,我们接下来采用式(6-24)构建统计量,来估计未来各期不确定性的累计值对于当期消费储蓄行为的影响。在构建统计量的过程中,我们发现,不管使用哪种不确定性的代理变量,未来不确定性对于当期的影响都是基于当期或过去的情况,是居民基于当期或过去的情况而做出的对于未来情况的主观判断。如 t 期居民的消费行为会受到 $t+1$、$t+2$、$t+3$ 等期的预期影响,然而居民对于 $t+1$、$t+2$、$t+3$ 等期不确定性的判断却是基于 t、$t-1$ 等现在和过去的时期。在将未来各期无限扩展之后,我们将式(6-24)做出变化如下:

$$\Delta C_{it} \approx g(erc_{it} + xerc_{it} + x^2 erc_{it} + x^3 erc_{it} + x^4 erc_{it} + x^5 erc_{it} + \cdots) + \varepsilon_{it} \quad (6-29)$$

则,$Terc_{it} = erc_{it}(1 + x + x^2 + x^3 + x^4 + x^5 + \cdots) = \dfrac{erc_{it}}{1-x}$,式(6-29)变为:

$$\Delta C_{it} = \gamma + gTerc_{it} + \varepsilon_{it} \quad (6-30)$$

下面将按式(6-30)估计该效应。首先对该长面板数据进行组间异方差、组内自相关、组间截面相关的检验。采用似然比(LR)检验组间异方差,用沃德(Wald)检验一阶组内自相关。结果 p 值均为 0,显示该数据样本既存在组间异方差也存在组内自相关。使用截面相关性(CSD)检验组间截面相关,三种检验 p 值均为 0,残差相关系数矩阵的非主对角线元素的绝对值之平均值为 0.235,所以也存在组间截面相关。估计时需使用同时处理组内自相关与组间截面相关的广义最小二乘法,估计结果见表6-4。

表 6-4　　　　　　　不确定性的直接效应估计结果

ΔC_{it}	估计系数	p 值	标准误差
$Terc_{it}$	-370.77	0.000	37.92
constants	56.19	0.000	3.16
Obs.	1344		

$Terc_{it}$ 的估计系数为 -370.77，意味着，当消费者预期消费增长率 erc_{it} 每增长 1%，未来各期不确定性将累积增加 $\frac{1}{1-x} \times 1\%$，相应地，ΔC_{it} 将减少 $370.77 \times \frac{1}{1-x} \times 1\% = 370.77 \times 2.5 \times 1\% = 9.27$ 元。意味着当消费者认为未来各季度不确定性将增加时，会减少当季度支出与上季度支出的差额，而上季度支出已经是确定值，也就是说，消费者会减少当季度的支出，进而应对今后可能的消费波动，以达到消费平滑的目的。1344 个样本中，预期消费增长率 erc 的均值为 2%，假设预期消费增长率增长为 3% 时，增长比例达到了 50%，此时当季度消费将减少 463.5 元，而剔除价格因素后的居民季度消费性支出平均值为 2070 元，因此这样看来，由于未来不确定性的累积影响，当季度减少的消费额度还是比较高的。黏性预期下的不确定性对于当期城镇居民消费行为确实存在着至关重要的影响。

第五节　本章小结

本章采用 2000—2012 年全国 28 个省市的季度面板数据，基于黏性预期的视角，估计了未来多期不确定性对于当期消费行为的影响。其中累积效应的度量需要首先计算出黏性系数或跨期依赖性的大小。由于经济人消费及储蓄行为均是基于所掌握的信息，因此我们通过居民消费行为来估算黏性系数。经过形式变换及面板工具变量法计算，得出样本期间黏性系数为 0.6 左右，意味着城镇居民中，每个季度有 60% 的消费者受到消费习惯或更新信息滞后等因素影响，而使消费行为出现黏性，消费的路径依赖较强。2000 年后，我国住房制度、医疗制度、教育制度等不断推出各项改革，同时住房、教育、医疗价格也出现普遍上涨，使得城镇居民的消费支出预期不断增大。在加入消费黏性因素的 CRRA 效用函数中，获得正的效用值是有条件的，即当期消费必须大于上一期的消费在本期的影响值。在这样的情况下要保证消费水平长期稳定提高，城镇居民家庭谨慎度会更强，就会更倾向于预防性储蓄。

得出黏性系数估计值后，我们选择了预期消费增长率作为不确定性的代理变量，构建了包含当期及未来多期不确定性累积影响的估计量，进而估计得出影响系数。即预期消费增长率每增长 1%，本季度消费变动额将减少 9.27 元。然而，正如我们前面所分析的那样，消费增长率的波动是很大的，若预期消费增长率增长 50%，当季度消费支出实际值将减少 463.5 元。这也就意味着不确定性对于城镇居民消费行为的影响至关重要。

第七章 较短经济周期内农村居民预防性储蓄行为的宏观分析

新常态下，我国最终消费的影响力越来越大，2016年全年最终消费对经济增长的贡献率达到了64.6%，说明现阶段消费已成为我国经济增长的第一驱动力，发挥着主要拉动作用。然而居民消费率却不容乐观。国际上的经验显示，当人均GDP达到1000美元时的居民消费率在61%左右。而2015年我国人均GDP达到了8016美元，居民消费率不足39%，尽管要考虑到美元币值的变化和其他一些不可比的因素，但如果再结合不同国家的横截面相关数据看，至少可以说明中国居民消费需求在近年的经济增长中并未发挥出应有的潜力。更加值得关注的因素是城乡差异。2016年全年社会消费品零售总额中，农村消费只占14%左右，换言之，城镇生活消费品总量相当于农村生活消费品总量的6.15倍。这个数值2012年为6.54，2015年降至6.17。可以看出近五年农村整体的消费增速只是微快于城镇，仍然没有突破性的增长。值得注意的是2016年城镇居民人均可支配收入为农村居民的2.72倍，比2013年仅低了0.09，城乡收入差距近几年并没有发生太大变化。因此城乡收入的绝对差距并不能完全解释城乡消费差距。我国农村政策敏感度、社会保障程度低于城镇是不争的事实，一方面短期农村宏观经济信息的滞后和更高的消费决策信息搜集成本带来了更高的信息黏性程度，从而使得农村居民消费决策效用相对于完全信息而言有所偏离，导致跨期消费的不充分调整或过度调整，产生效率损失；另一方面农村居民收入波动程度较高，收入来源普遍缺乏稳定性，医疗支出保障程度较低，面临未来不确定性时的谨慎心理较强，预防性储蓄动机的强度就会更大。因此，在同时面临较高的信息黏性程度与较高的不确定性的情况下，当信息黏性程度越大时，农村居民的谨慎性心理是否越强，预防性储蓄是否会增加更多，两者之间的叠加产生了怎样的效应和结果，是否加剧了更多的储蓄和更少的消费，其改善能否更进一步地释放农村消费需求潜力，是本章研究的主要内容。

有关农村居民消费的相关文献中，第一类是分析阶段性农村消费刺激政策如"家电下乡"、农村社会保障政策如新型农村合作医疗与新型农村社会养老保险的作用效果和影响机制，部分学者肯定了该类政策对于农村家庭消费的正向促进作用（丁继红等，2013；臧旭恒和贺洋，2014；张川川等，2015；孟妤，2016），也有学者推断得出新农合参合者因医疗服务较大的需求弹性，选择增加医疗消费而非减少医疗支出，从而并未明显降低农村居民的医疗负担（程令国等，2012）。第二类是基于农村家庭人口统计学特征展开的研究，认为农村地区老年抚养比的持续上升、人口老龄化、人口受教育程度普遍偏低是中国居民消费率长期走低的重要原因（刘铠豪，2016；郭东杰等，2016；陈广等，2016）。第三类是外出务工收入对于农村居民消费行为的影响，认为可以分担风险、缓解流动性冲击（易行健等，2014）；而子女随迁政策带来的支出增加，提升了农民工家庭的消费率和消费水平（胡霞和丁浩，2016）。

总之，我国学者对于低居民消费率的探讨，大部分基于传统的生命周期—持久收入假说（LC－PIH）的理论框架，而生命周期模型并不适用于中国农村地区（刘铠豪，2016）。究其原因，其一，传统的 LC－PIH 消费理论模型没有重视未来的各种不确定性，因而导致消费者的行为与标准模型的预测产生偏离。其二，现实中很多信息的获取是有成本的，或信息的更新是缓慢的，消费者在短期内很大程度上也受到黏性信息的影响，这一系列对于未来信息流约束的忽略会导致相关政策刺激、收入冲击等带来的效应出现延续和滞后。而消费者不更新信息的时间越长，预防性动机越强烈，此时的预防性储蓄不仅取决于不确定性，也取决于黏性信息（赖斯，2006a）。所以，在短期内，预防性储蓄是黏性信息、不确定性共同作用下的结果。本章将延续第六章的分析思路，研究较短经济周期内农村居民的预防性储蓄行为。

第一节 季度面板数据样本及描述性统计

考虑到统计数据的口径变更与样本期数问题，为扩大信息量，增加估计和检验统计量的自由度，同时提高动态分析的可靠性，本章在上一章理论分析中时间序列模型的基础上，增加了横截面维度，样本区间选择了 31 省市 2013—2016 年农村居民的面板样本，数据频率为季度。将人均数据视为各省市的一个典型消费者，人均消费采用了居民人均消费支出，人均收入采用居民人均可支配收入。由于无法得到与家庭财富或家庭资产相关的省际季度数据，这里借鉴杭斌（2009，2010）的处理方法，使用消费支出 C 对家庭财富 W 进行了替换。当面临收入不确定性时，人们增加财富积累，提高财富目标的同时，会同时使得消费支出受到挤出，进而相应地减少。因此，式（6-22）转换为：

$$\ln C_t = g_i + gT\pi_t + k\ln P_t + \varepsilon_t \qquad (7-1)$$

相关数据的处理均剔除了以 2013 年为基期的居民消费价格指数，同时有季节趋势的数据用 Eviews 做了 X12 法季度调整以剔除季度因素及个别不规则因素的影响。数据来源于国家统计局网站。各变量的总体统计特征见表 7-1。

第七章 较短经济周期内农村居民预防性储蓄行为的宏观分析

从表 7-1 可以看出我国城乡间、区域间收入水平与消费水平的差异。农村东部[①]与中西部也呈明显的梯度差异；从四年的平均消费倾向来看，农村居民的平均消费倾向比城镇居民高约 10 个百分点，且由东部、中部、西部依次递进，西部农村居民平均消费倾向比东部农村居民高 12 个百分点。各项最小值与最大值之间也体现了上述差异，农村东中西部区域间消费行为显著不同。

表 7-1　　　　全国 31 省市 2013—2016 年季度面板数据总体统计特征　　　　单位：元

	变量名	均值	标准差	最小值	最大值	观测值
人均消费支出	全国	3712.33	1518.95	1338.57	9229.47	496
	城镇	4872.69	1344.73	3022.48	9869.92	496
	农村	2231.78	787.98	619.27	4925.65	496
	东部农村	2815.88	819.26	1362.69	4925.65	176
	中部农村	2024.54	446.90	1198.41	3267.28	128
	西部农村	1834.53	599.67	619.27	3563.84	192
人均可支配收入	全国	5107.81	2211.49	1780.78	13855	496
	城镇	6987.36	1922.38	4224.56	14589.18	496
	农村	2761.91	1223.53	150.35	7529.66	496
	东部农村	3675.69	1253.89	1747.77	7529.66	176
	中部农村	2547.25	726.37	1071.02	3973.06	128
	西部农村	2067.38	896.19	150.35	6620.04	192

第二节　变量选取说明与面板估计方程的确立

一　收入不确定性衡量变量的说明

学术界对于收入不确定性的度量并未达成共识。常见的方法主

[①] 东部指京、津、冀、辽、沪、苏、浙、闽、鲁、粤、琼 11 省市；中部指黑、吉、晋、皖、赣、豫、鄂、湘 8 省；西部指其余 12 省市。

要有衡量收入波动程度和稳定程度的变量，如失业率、职业、收入增长率等；还有衡量消费支出波动程度的变量，如消费增长率等。依据数据的可得性，我们对比了表7-1中数据样本期间收入的标准差和消费支出的标准差，发现各项收入的总体标准差均高于消费支出。而2013—2016年各省市收入增长率与消费增长率的总计方差分别为0.248569、0.073846。因此相比较而言，农村居民收入增长率波动程度更大一些。一方面农村居民消费支出具有较大的惯性，另一方面农村居民的收入缺乏稳定性，季节性明显。因此，这里优先采用预期收入波动率作为收入不确定性替代变量。考虑到数据可得性及影响程度的强弱，我们使用了$t-1$、$t-2$、$t-3$、$t-4$期的数值来构建预期收入波动率。即i省t期收入不确定性ω_t的衡量变量预期收入波动率ery_{it}为$t-1$、$t-2$、$t-3$、$t-4$期收入增长率的均值。即，农村居民收入越稳定，收入不确定性就越小，反之亦然。这是符合现实情况的。

作为对比，我们也用相同方法构建了预期消费支出波动率erc_{it}。其中，ery_{it}的均值为1.89%，标准差为0.51%；erc_{it}的均值为2.05%，标准差为1.32%。此处预期增长率的统计结果包含了一个自然年度中四个季度的增长率，可以看出，农村居民收入虽季节性明显，然而各年度间收入仍然相对稳定。因此后文有必要将预期消费支出波动率erc_{it}作为衡量收入不确定性的另一变量，予以补充。

二　持久收入衡量变量的说明

农村居民持久收入使用过去四个季度人均可支配收入实际值的均值来表示，即P_{it}为$t-1$、$t-2$、$t-3$、$t-4$期i省人均可支配收入均值，再取对数。虽然农村居民收入季节性明显，但四个季度的收入覆盖了一个自然年度，是农村居民消费支出的重要参考因素，也体现了一定的持久性。

三 面板估计方程的确立

上述均为计算时间序列数据的公式,在具体应用到本文的面板数据中时,各个省份作为个体,每个个体都适用上述时间序列的公式,各个体间组成的面板则需要添加横截面维度。

则式(6-8)转化为:

$$\Delta \ln C_{it} = \alpha_i + x\Delta \ln C_{i,t-1} + \varepsilon_{it} \qquad (7-2)$$

式(6-19)转化为:

$$\ln \frac{C_{it}}{P_{it}} \approx \gamma_i + g(ery_{it} + xery_{it} + x^2 ery_{it} \\ + x^3 ery_{it} + x^4 ery_{it} + \cdots) + \varepsilon_{it} \qquad (7-3)$$

衡量黏性信息、不确定性叠加效应的变量 $T\pi_t$ 转化为 $Tery_{it}$:

$$Tery_{it} = ery_{it}(1 + x + x^2 + x^3 + x^4 + \cdots) = \frac{ery_{it}}{1-x} \qquad (7-4)$$

综合上述结果,以及城镇居民消费对于农村居民的示范效应,加入了城镇居民的平均消费倾向作为控制变量,具体地,$Eapcc_{it}$ 为 $t-1$、$t-2$、$t-3$、$t-4$ 期 i 省城镇居民平均消费倾向的平均值,式(7-3)最终转化为:

$$\ln C_{it} = \gamma_i + gTery_{it} + k\ln P_{it} + Eapcc_{it} + \varepsilon_{it} \qquad (7-5)$$

以下估计均使用了 Stata12 统计分析软件。样本时间维度 T = 16,横截面维度 N = 31,虽为短面板,但是考虑到数据频率较高,仍选择了 LLC 检验方法检验了面板数据的平稳性,检验结果证明本文研究中所有变量均严格平稳。

第三节 农村居民黏性信息参数的估计

本书将使用式(7-2)来估计信息黏性参数 x。对于式(7-2)所可能存在的模型内生性问题,使用了豪斯曼检验方法,对应 p 值为 0.0000，因此需采用动态面板工具变量法进行估计。各种经验研究证明，收入是影响消费的重要因素，因此除了选用消费增长率的二阶滞后、三阶滞后作为消费增长率一阶滞后的工具变量外，还选用了收入增长率的二阶与三阶滞后。采用针对动态短面板数据的系统广义矩估计（GMM）与差分 GMM 分析方法，综合使用 xtabond2 命令，以检验估计方法的有效性和工具变量的有效性，得出结果见表 7-2。

表 7-2　　　　　　　　　信息黏性参数估计结果

序号	工具变量	黏性参数 x	常数项	AR（2）	Hansen 统计量	Obs.
I	$\Delta lnc_{i,t-2}$、$\Delta lnc_{i,t-3}$、$\Delta lny_{i,t-2}$、$\Delta lny_{i,t-3}$	0.85058*** (0.04112)	0.00424*** (0.00155)	-0.76 (0.445)	6.44 (0.092)	372
II	$\Delta lnc_{i,t-2}$、$\Delta lnc_{i,t-3}$、$\Delta lny_{i,t-3}$	0.89232*** (0.03745)	0.00351*** (0.00151)	-0.76 (0.446)	4.64 (0.098)	372
III	$\Delta lny_{i,t-2}$、$\Delta lny_{i,t-3}$	0.79739*** (0.27691)	0.00488* (0.00483)	-0.81 (0.417)	4.49 (0.034)	372
IV	$\Delta lnc_{i,t-2}$、$\Delta lnc_{i,t-3}$	0.89229*** (0.03189)	0.00318** (0.00149)	-0.76 (0.446)	3.78 (0.052)	372

注：括号内为标准误差，其中扰动项差分的二阶自相关（AR（2））、汉森（Hansen）统计量两列括号内为 p 值，***、**、* 分别表示在 1%、5%、10% 的水平上显著。

表 7-2 中四个估计方程使用了不同的工具变量，黏性参数 x 均显著，且相差较小，我们可以认为黏性参数 x 的估计结果是稳健的。估计方程 I 是以消费增长率、收入增长率的二阶滞后、三阶滞后共同作为消费增长率一阶滞后的工具变量，得出的信息黏性参数 x 估计值为 0.8506，AR（2）检验 p 值为 0.445＞0.05，表明可以在 5% 的显著性水平上接受"扰动项差分的二阶自相关系数为 0"

的原假设,即所选用的估计方法有效。同时异方差稳健的 Hansen 统计量较适合检验工具变量较少的情形,p 值为 0.092>0.05,即可以在 5% 的显著性水平上接受"所有工具变量都有效"的原假设,即所选用的工具变量均有效。估计方程 Ⅱ 是以消费增长率的二阶滞后、三阶滞后,收入增长率的三阶滞后共同作为工具变量,得出的黏性参数估计值为 0.8923。估计方程 Ⅲ 以收入增长率的二阶滞后、三阶滞后为工具变量,得出的黏性参数估计值为 0.7974,然而 Hansen 统计量的值显示未通过工具变量有效性检验。估计方程 Ⅳ 以消费增长率的二阶滞后、三阶滞后为工具变量,得出的黏性参数估计值为 0.8923,然而 Hansen 统计量 p 值较低。因同时考虑收入增长率二阶滞后要更全面一些,因此综合考虑,在方程 Ⅰ 和方程 Ⅱ 中,选取估计方程 Ⅰ 的估计值构建不确定性指标,即 0.8506。即每个季度,平均只有约 15% 的农村居民会及时更新信息,而剩余的 85% 均使用滞后信息决策。这比卡罗尔(2011)所估计的美国居民季度消费黏性参数 0.71 要高,且高于第六章我们对于 2000—2012 年城镇居民季度黏性参数为 0.6 的估计。相对于信息获得渠道较通畅的城镇而言,农村居民短期的信息黏性程度要高得多,消费行为高度路径依赖致使农村居民的跨期决策效率低下,说明这一时期农村居民的消费波动呈现出非常显著的跨期相关性,因此任何冲击都会对后续的消费施加持续的影响。

第四节 信息黏性、不确定性对农村居民储蓄行为的叠加效应估计

根据以上黏性系数的估计结果,我们接下来采用式(7-4)构建统计量,并对式(7-5)可能存在的内生性问题进行了豪斯曼检验,χ^2 值为 3.18,p 值为 0.5289,接受所有变量均为外生的原假设。接下来使用短面板的估计策略估计了未来各期不确定性的黏性

累计值对于当期消费储蓄行为的影响。首先使用混合回归模型与固定效应模型，F 统计量的 p 值为 0.0000，即认为固定效应明显优于混合回归。进一步地添加省市为虚拟变量，使用最小二乘虚拟变量模型（LSDV）法考察后发现所有个体虚拟变量均很显著，即确定存在个体效应，因此重新估计了使用聚类稳健标准误的固定效应模型（FE-R）。这里需要关注的是，30 个虚拟变量中，19 个相关系数估计值为负，而渝、甘、贵、湘、内蒙古、宁、青、陕、川、新、云为正，均为中西部省市，说明了东中西部的差异不仅体现在表 1 中的收入与支出的绝对数上，也体现在消费者跨期消费储蓄行为上，有必要在后文对东中西部农村地区进行分别估计。其次，对于个体效应的随机效应形式进行豪斯曼检验，结果 χ^2 值为 2.10，p 值为 0.5516，故认为应该使用随机效应模型。再次，使用聚类稳健标准误估计随机效应模型后，LM 检验 p 值 0.0000，强烈拒绝不存在个体随机效应的原假设。

我们同时使用式（7-4）中的相同方法构建了 $Terc_{it}$，并将两种衡量变量按式（7-5）所形成的随机效应模型估计结果汇总见表 7-3。

表 7-3　　　　不确定性、黏性信息的叠加效应估计结果

变量名	$Tery_{it}$	$Terc_{it}$	$\ln P_{it}$	$Eapcc_{it}$	constants	Obs.	R^2
估计结果	-1.09482*** (0.30295)	—	0.85361*** (0.04724)	0.99706*** (0.28212)	0.41238 (0.37595)	341	0.6309
	—	-0.54362*** (0.11273)	0.87561*** (0.04547)	0.83995*** (0.27517)	0.28534*** (0.37719)	341	0.6417

注：括号内为标准误差，***、**、*分别表示在1%、5%、10%的水平上显著。下同。

由表 7-3 可知，不论使用哪种不确定性衡量变量，$\ln P_{it}$、

$Eapcc_{it}$ 的估计系数相差均不太大，表明持久收入仍在农村居民消费中起着很关键的作用，城镇居民的消费观念对于农村居民有着正向的带动作用。$Tery_{it}$、$Terc_{it}$ 的估计系数分别为 -1.09482、-0.54362，意味着当农村居民认为未来各季度收入不确定性将增加时，会减少当季度支出，进而应对今后可能的消费波动，以达到消费平滑的目的。变量参照式 7-4 构建所得，因此我们不对比其数值大小，而是按以下方式予以分析。341 个样本中，ery_{it} 的均值为 1.89%，标准差为 0.51%；erc_{it} 的均值为 2.05%，标准差为 1.32%。当其他条件不变，假设 ery_{it} 由均值 1.89% 增加标准差值的幅度而变为 2.40% 时，季度消费支出将减少 3.65%。同理，当 ery_{it} 由 2.40% 减少标准差值的幅度时，季度消费支出将增加 3.79%，而此时若 x 由 0.85 降为 0.80，季度消费支出将增加 7.43%。同理，当 erc_{it} 由 3.37% 减少标准差值的幅度降至 2.05% 时，季度消费支出将增加 4.90%，而此时若 x 由 0.85 降为 0.80，季度消费支出将增加 6.87%。可以看出，短期内我国农村居民的预防性储蓄不仅取决于不确定性，也取决于黏性信息，且由于黏性信息与未来不确定性的叠加影响，不确定性的加剧挤出了较多的消费支出，引致了更多的预防性储蓄。黏性信息与不确定性的叠加效应对于当期农村居民消费行为影响的强度不容忽视。

第五节　东、中、西部农村地区叠加效应的分别估计

根据表 7-1 的统计性描述及总体样本叠加效应估计中体现出的问题来看，我国农村区域间差异不可忽略。下面将使用总体样本中的估计方法，对我国东中西部农村地区不确定性、黏性信息的叠加影响分别进行估计，估计中同时使用了 $Tery_{it}$、$Terc_{it}$，结果见表 7-4，ery_{it}、erc_{it} 的样本均值与标准差见表 7-5。

表7-4　　　　　　　东、中、西部农村居民不确定性、
黏性信息的叠加效应估计结果

变量名	东部农村 (1)	东部农村 (2)	中部农村 (1)	中部农村 (2)	西部农村 (1)	西部农村 (2)
$Tery_{it}$	-1.42872*** (0.40536)	—	-0.12839 (0.20504)	—	-1.39656** (0.66048)	—
$Terc_{it}$	—	-0.28258*** (0.09520)	—	-0.61002* (0.31399)	—	-0.60464*** (0.16451)
$\ln P_{it}$	0.95687*** (0.08080)	0.94993*** (0.07297)	1.35427*** (0.13117)	1.35356*** (0.12089)	0.98203*** (0.18125)	1.13215*** (0.15448)
$Eapcc_{it}$	0.83928** (0.38179)	0.89606** (0.40277)	-0.61543 (0.46944)	-0.41302 (0.51099)	0.78229 (0.68019)	0.60421 (0.64135)
constants	-0.29952 (0.70028)	-0.41737 (0.66768)	-2.56414*** (0.77146)	-2.62844*** (0.71660)	-0.34092 (1.36037)	-1.46313 (1.02342)
Obs.	121	121	88	88	132	132
R^2	0.8047	0.8007	0.2631	0.3142	0.2938	0.3134

表7-5　　　东、中、西部农村居民不确定性变量统计性描述　　单位：%

变量名	东部农村 均值	东部农村 标准差	中部农村 均值	中部农村 标准差	西部农村 均值	西部农村 标准差
ery_{it}	1.81	0.39	1.75	0.62	2.05	0.48
erc_{it}	2.01	1.16	2.00	1.27	2.12	1.47

由表7-4、表7-5可知，中部农村 $Tery_{it}$ 的估计系数虽不显著，但也能大致分析出各区域间农村居民的消费增长对于不确定性的反应是不同的。当 ery_{it} 由均值水平减少标准差值的幅度时，东、西部农村居民季度消费支出将分别增加3.78%、4.57%。当 erc_{it} 由均值水平减少标准差值的幅度时，东、中、西部农村居民季度消费支出将分别增加2.21%、5.30%、6.10%。西部农村居民普遍面临着较大的收入不确定性，且不确定性对于消费增长的影响也是最

大的，其次为中部农村，东部农村居民则较小。就持久收入的影响看，中部农村程度最高。由表 7-1 可知，无论是人均可支配收入还是人均消费支出，中部地区农村的样本标准差都是最小的，说明中部地区农村收入与消费相比较东部、西部来说波动较小，相比而言，持久收入起到了关键性的促进消费作用。就城镇居民的消费观念对于农村居民的带动作用看，只有东部农村居民显著为正。计算城镇和农村居民的平均消费倾向均值后，发现东部城乡间差异最小，中部次之，西部最大。

第六节 本章小结

不可否认，与城镇居民相比，我国农村居民消费需求潜力更大。鉴于我国农村短期内有着更加明显的信息滞后特征与更高的信息搜集与更新成本，在考虑持久收入的基础上，本章将不确定性、黏性信息引入消费者行为分析框架，以此分析了黏性信息、收入不确定性的叠加效应对于农村居民消费储蓄行为的影响。

实证分析需要首先估计出信息黏性的强度，即信息黏性参数，根据该参数所代表的跨期依赖程度，估算不确定性在各期之间逐期缓冲传播后的累计值，进而确定能反映黏性信息与不确定性叠加效应的替代变量，以此来分析此种情形下农村居民的消费储蓄行为。文中采用 31 个省市 2013—2016 年 16 个季度的面板数据，经过估计得出农村信息黏性参数的大小为 0.85 左右，体现出农村居民消费行为的高度路径依赖，以及农村居民跨期决策效率的低下。说明这一时期农村居民的消费波动呈现出非常显著的跨期相关性，因此任何冲击都会对后续的消费施加持续的影响。接下来利用信息黏性参数的估计值，使用预期收入波动率、预期消费支出波动率分别构建了衡量所面临收入不确定性逐期累计值的替代变量，发现黏性信息下居民面临的不确定性要数倍于不考虑黏性信息时的情况。利用缓冲存货模型的数值模拟解等式,并考虑到数据限制,使用消费支出—持久收入目标值代替家庭财富—持久收入目标值,经检验后使用聚类稳健标准误的随机效应模型估计得出,持久收入、城镇居民消费观念对农村居民消费支出有着高度显著的正效应。当其他条件不变,假设ery_{it}由均值1.89%增加标准差值的幅度而变为2.40%时,季度消费支出将减少3.65%。同理,当ery_{it}由2.40%减少标准差值的幅度时,季度消费支出将增加3.79%,而此时若x由0.85降为0.80,季度消费支出将增加7.43%。可以看出,我国农村居民的预防性储蓄不仅取决于不确定性,也取决于黏性信息,且由于黏性信息与未来不确定性的叠加影响,不确定性的加剧挤出了较多的消费支出,引致了更多的预防性储蓄。进一步地,对东中西部农村地区进行分析发现,农村居民的消费增长对于不确定性的反应是有差异的,西部敏感性程度最强,其次为中部,最弱为东部。

第八章 结论、政策建议及展望

第一节 结论

本书主要在缓冲存货模型的框架下，在微观与宏观两个层面研究了居民在面临不确定性时的储蓄和消费行为。微观部分使用了大型微观家庭追踪数据——中国健康与营养调查（CHNS）1997—2011年六个调查年份的数据，验证了城乡居民的预防性储蓄行为及生命周期特征。宏观部分引入了黏性预期的分析方法，将未来不确定性进行黏性加总后，考察其对于消费基础性作用发挥的影响，城镇部分使用了2000—2012年28省市的季度面板数据，农村部分采用了31省市2013—2016年季度面板数据。得出的主要结论如下：

第一，我国户主年龄在50岁以下的工作人口家庭符合缓冲存货模型的行为特征，即在工作时间进行缓冲存货储蓄，大约在50岁之前家庭符合缓冲储备储蓄行为，但是50岁后行为就会不同，开始为退休储蓄，此时当这部分家庭面临未来不确定性时，不再选择增加缓冲储备，而是选择动用当前储蓄来平滑消费支出。

第二，经过家庭收入不确定性与家庭财富积累的关系的探讨，发现家庭持久收入与家庭面临的不确定性两者对于家庭财富的积累都具有显著的正向影响，其中持久收入对家庭财富净增量的影响要比不确定性的影响大。分城乡来看，农村居民面临的不确定性对于财富积累的影响要远远高于城镇居民，且农村样本中不确定性的系数也高于持久收入，农村家庭财富积累的主要推动因素为预防性储蓄。

第三，在假设不确定性完全消除后，总体样本的预防性储蓄比例为51%—55%，农村样本的居民预防性储蓄的比例比总体样本约高8个百分点。当然，现实中收入不确定性可以下降，但很难完全消除。当收入不确定性降低一半时，总体能释放出32%—35%的财富用于消费，而农村能释放出39%，隐含地说明农村消费市场的潜力更大。

第四，在1997—2011年这十几年间，伴随着医疗保险改革的深入及样本家庭生命周期阶段的变化，各阶段居民储蓄行为特征均呈现出一定的趋势。总体来看，持久收入虽然稳步上升，在家庭储蓄行为中的影响系数最大，然而整体趋势在2000年开始递减，收入对于家庭储蓄行为的影响慢慢减弱。而收入不确定性在中间几个调查年份对于家庭财富积累有显著的促进作用，是除收入之外，影响家庭储蓄的第二大因素。户主年龄、家庭规模、少儿抚养率、家庭健康状况均呈现出了一定的生命周期特征，随着年龄推移，对于家庭储蓄行为的影响均发生了由负变正的变化。医疗保险状况的整体趋势是随着医疗保险改革的推进和普及，医疗保险对于家庭储蓄行为的影响越来越大。而从医疗保险对于慢性病患家庭的医疗支出缓解情况来看，从一开始的完全不能缓解，到2009年总体上缓解，后来又到2011年只能缓解一部分，也看到了我国医疗保险改革的成效及不足。另外，随着居民家庭住房保有率的上升，预期房价增长率的影响也从对消费的挤出效应变为财富效应。分城乡分别估计后发现，城乡居民家庭间在同时期众多行为中均出现相异之处。例如：持久收入的影响，城镇弱于农村；家庭规模、少儿抚养率的影响同年度方向相反；户主性别主要在农村居民中显著；医疗保险农村样本影响系数增长得更快。这些都在一定程度上反映了我国城乡居民家庭之间在收入水平、家庭观念、家庭构成等方面存在着异质性。

第五，宏观部分之一，研究城镇居民时采用了2000—2012年全国28省市的季度面板数据，基于黏性预期的视角，首先估算出黏性系数或跨期依赖性在0.6左右，意味着每个季度消费者有60%的比例受到消费习惯或更新信息滞后等因素的影响，而使消费行为出现黏性，消费的路径依赖较强。然后根据黏性系数估计值，选择了预期消费增长率作为不确定性的代理变量，构建了包含当期及未来多期不确定性累积影响的估计量，进而估计得出影响系数。当预期消费增长率从2%增长为3%时，当季消费支出实际值将减少463.5元。这也就意味着不确定性对于消费行为的影响至关重要。

第六，宏观部分之二，研究农村居民时采用了31省市2013—2016年季度面板数据估计得出农村信息黏性参数为0.85，体现出农村居民短期消费行为的高度路径依赖特征。使用该估计值对收入不确定性的短期衡量指标进行了修正，从而构建了不确定性、黏性信息叠加效应的变量，并估计得出，其他条件不变时，收入不确定性指标降低标准差的幅度后，季度消费支出增加3.79%—4.90%，此时若黏性参数由0.85降为0.80，季度消费支出将增加6.87%—7.43%。黏性信息下居民面临的不确定性呈倍数放大，预防性动机挤出的消费支出不可忽略。分区域研究发现西部农村地区叠加效应程度最强，东部最弱。

第二节 政策建议

一 促进收入分配公平，持续增加农村家庭收入

收入是影响居民消费和储蓄行为的关键因素，这个影响不仅仅表现在收入规模上，也表现在收入的波动上，也就是我们通常所讲的收入不确定性。从前文微观数据的检验结果来看，居民家庭储蓄中有近一半是收入不确定性所引起的预防性储蓄。因收入来源和结构等方面均存在着差异，城乡居民的储蓄行为也存在较大不同。所

以，从收入分配角度来讲，应继续坚持按劳分配为主体、多种分配方式并存的分配制度，促进收入分配公平，缩小城乡收入差距。从收入方式和结构来讲，要充分发挥不同类型收入的方式和效果，增加城乡居民收入，逐步实现收入结构优化，促进公平发展。

2017年，全国居民人均可支配收入25974元。其中，城镇居民人均可支配收入36396元，农村居民人均可支配收入13432元。数据显示城乡居民收入差距仍然比较大，增加农民收入、提高农民生活水平的任务依然严重。目前来看：一是农民收入途径依然单一。农民收入主要来自种植业、家庭养殖业的家庭经营收入、外出务工的工资性收入及零星务工收入。二是农民收入水平普遍提高，但不均衡、差别较大。从事商业和加工服务的农民收入较高，单纯从事农业种植和养殖的农户收入依然较低。三是农民收入只能维持基本生活。随着我国经济快速发展，农民收入有了很大的提高，但生产资料价格增幅加大，不断侵蚀农民生产经营收入。农民如果办理婚丧嫁娶或者患大病重病就会入不敷出导致贫困。

而农民普遍劳动技能不强，就业门路窄。从事农业生产的人员，普遍年龄较大、文化程度较低、思想观念落后、承担风险能力低、缺乏从事生产技能。农村基础设施薄弱，制约农业收入进一步增长。近几年，国家不断加大对农业设施建设的资金投入力度，设施进一步完善，但距保障农业收入稳定增长仍有差距。农业种植产品依然单一，制约农业增产增效。由于资金不足及承担风险能力弱，农村基本种植传统作物，对经济作物种植依然不敢尝试，导致种植收入依然偏低。

因此重点对于农村居民，首先，应进一步加快收入结构升级，目前，工资性收入对农民增收的贡献越来越大。应开展就业岗位技能培训，建立技能培训体系，促进就业，逐步提高农民的工资性收入；出台优惠的地区税收政策和金融政策，促进农村居民创业；按照地区优势、资源禀赋等发展特色农业，逐步提高农村家庭的经营性收入，以改善当前收入结构单一、收入波动程度大的现状。

其次，针对农业自然风险和经营性风险，应逐步完善农村市场、控制农产品价格的波动，提高农民的收入预期；调控农产品供销，减少农产品市场的信息不对称程度，防止出现因盲目生产导致农产品供求矛盾；提升政策性农业保险的赔付力度，降低销售风险及农业风险的影响。加大农业基础设施建设投入力度，大规模地推广先进适用的优质高产品种和先进农业技术，依靠科技创新提高农业生产效率。培植规模型农业企业，推进农业产业化经营。积极支持发展多种形式的农业企业，推动生产、加工、营销融合发展，不断提升农业自身发展的价值链，让农民从中能够获得更多的收益。

最后，加快农村税费改革等进程，规范农村收费行为，进一步减轻农村家庭负担。实行农村税费改革，有利于解决农民负担重的问题，提高农民的收入水平和实际购买力，从而有利于为国民经济的快速、健康、持续发展开辟广阔的农村市场，提供强有力的支撑。同时，推行农村税费改革，对于建设农村小康社会具有极其重要的意义，表现在农村税费改革是切实巩固农业基础地位、全面繁荣农村经济、真正保护农民利益的重要措施，是促进农村稳定的重要力量，是缩小城乡差别的重要保障。

二 完善社会保障制度，减少居民支出不确定性

2015 年底刚刚提出的供给侧结构性改革，不应仅仅聚焦在去过剩产能、调产业结构的实体宏观经济中，也应通过社会保障制度改革、金融改革等渠道改善微观家庭的消费预期，进而引导微观家庭的理性最优决策，减小微观家庭的预防性储蓄动机，对实体经济中实现有效供给提供需求保障。目前我国已基本建立了以社会保障制度为核心，以社会救助、福利等为辅助的社会保障体系，各项政策的推进和实施也取得了一定的效果，在维护社会稳定、促进经济发展等方面都发挥了重要的作用。

不过，这一制度架构上存在的问题也逐步显现。一方面，受到户籍制度和城乡二元体制等因素的制约，我国在建立社保体系过程中呈现出身份分割、城乡分割的特点。基本养老保险制度中，城镇职工基本养老保险、城镇居民社会养老保险、新型农村社会养老保险三大体系独立运行；基本医疗保险制度中，城镇职工基本医疗保险、城镇居民基本医疗保险、新型农村合作医疗三大体系独立运行。造成了制度间的分割。另一方面，出于行政体制和政策执行方面的考虑，我国将社保制度的实际建设权赋予各地方政府，中央政府只确定改革原则和基本制度框架，允许和鼓励地方在具体规则制定上体现各自的独特性，而省级地方政府也多效仿中央的做法将事权进一步下放，从而造成了地域之间的分割。同时，社保制度建立期设定的统筹层次过低也大大加剧了社保基金运行的财务风险和地区间的制度壁垒。从历史与现实的角度看，我国社保体系架构上的制度分割和地区分割特点，在一定时期内体现了对现实差异性的尊重，保证了社保覆盖面的快速扩大。然而这种存在身份分割与地区壁垒特点的"碎片化"社会保障体系适应不了我国新的历史时期经济社会的发展，特别是当部分人群无法被一种单一制度覆盖时会产生诸多不便，比如，农民工流动、居民工作转换、跨地域转移等问题，进而也影响了全国人口流动和区域一体化进程，对公民养老、医疗、工伤、失业保障甚至购房定居等都带来很大影响。进一步完善社会保障体系建设，推进各项制度的可持续性，是今后的一个重要任务。

因此着眼于上述问题的社保一体化议题逐渐提上日程。在制度政策层面，国家发布了一系列文件来规范推动社保统筹层次的提高、不同制度间的整合和转移接续，部分地区也在积极进行自下而上的一体化尝试与探索。从我国社保制度横向和纵向两个方向上的分割出发，一是纵向上将不同制度项目之间进行整合；二是横向上打通区域间的壁垒，实现不同地区间社保的自由流动。在实践摸索层面，同经济社会领域内的许多改革一样，我国社会保障一体化的改革始于个别地方先行探索，继以国家整体规划和方案出台，而后在全国范围内推广。任何改革都不可能一蹴而就，我国社会保障一体化工作仍处于探索过程中。

首先，要循序渐进，分步加快城乡社保制度一体化的进程。打破当前社会救助制度、福利制度、保险制度"二元化"的现状，持续推进"全民参保登记计划"，逐步实现同险种同部门统一管理。先着眼于区域社保一体化，然后再逐步推进全国社保一体化。完善农村的社会保障政策，一是完善农村社会养老保险政策，增加农村地区的社会保险支出。社会保障体系建立的核心就是资金的投入，也是社会保障实施的前提条件，加大农村社会保障支出，有利于农村社会保障水平提高，对于推动社会保障工作的发展有着重要的作用。二是提高新型农村合作医疗制度的报销范围及大病补偿比例，切实降低农村居民的支出不确定性，提高生活质量。

其次，要继续加强社会保障基金的管理，建立政府监管制度，保证社会保障体系良好运转。随着我国社会保障体系逐渐完善，国家对社保基金的投入力度也逐渐加大，使得地方的社保基金数额逐年增加，这就给社保基金的监管带来了更大的挑战。一是要完善社保基金的运作流程，加大监管力度，提高其使用效率，完善相应的信息披露制度，提高监管信息的公开性。建立第三方的市场监管体系，增强社保基金监管工作的灵活性。二是要确保社保基金的安全并实现其保值增值。社保基金监管体系能够有效降低社保基金的使用风险，提高社保基金的使用效率，政府可以通过一些强制性的法律法规对社保基金的监管工作进行规范，保障社保基金高效运行，实现社会公众利益最大化。三是要组建一支融合财会、金融、管理、法律和计算机各专业知识的管理队伍，加大基金监管工作的信息化程度，做到科学管理。重视信息管理系统的建设，凭借各种现代化手段和计算机系统，结合各专业知识，实现对于社保基金数据的数字化管理。完善社保基金运作的数据库，对于基金数据实行实时更新和动态监督，及时发现基金运作过程中的各项问题，最大限度地降低社保基金面临的风险。加强社保基金相关数据的维护力度，保证数据的安全性和准确性，避免随意更改数据和弄虚作假现象发生。

最后，增强农村居民及农民工群体的社会保障意识，加强社会保障政策及效果的宣传，使农村居民充分认识到社会保障的重要性，提高农村居民及流动人群的参保比例。现阶段，我国部分农村地区的居民对社会保障认识不足，对于社会保障的理解存在片面化。为了农村社会保障顺利进行，我们要客观分析各方面的情况，通过形式多样的宣传方式加大宣传力度，如发放小册子、宣传会、电视播放、广播宣传等各种宣传方式，让每一户农村家庭都可以了解到社会保障体系的内容，了解到国家的政策。改善农村家庭的消费预期，减小微观家庭的预防性储蓄动机，进而引导微观家庭理性最优决策，农村居民社会保障意识提高是社会保障工作顺利进行的前提和保障。

三 增加经济信息透明度，降低居民消费行为的跨期依赖性

由于信息搜集成本、信息不对称等原因，消费者黏性预期下的消费储蓄决策行为呈现出了一定的跨期依赖性，而从第六、七章的研究来看，不确定性的跨期依赖程度是可以逐期累积的。减轻跨期依赖程度，就可以减少不确定性引致的储蓄及消费者效用损失。这就要求消费者决策时的信息量必须得到保证。增加政府部门、企业部门相关宏观、中观经济信息的透明度和宣传力度，引导居民形成渐进理性的预期至关重要。

政府应通过同时增加政府部门、企业部门在农村地区的宏观、中观经济信息的透明度和宣传力度，及时引导农村居民形成渐进理性的预期。目前，我国早已完成通电行政村"村村通广播电视"任

务，我国的广播、电视人口已基本实现全覆盖。要充分利用网络覆盖，推进相关自媒体、移动媒体成立，加强农村经济信息宣传。广播电视节目要深入农村，面向农民，及时传播农村经济信息，积极宣传普及农业科技知识。与农村经济密切相关的经济类报刊，应该设立经常性的农村经济信息专栏或专版。要注意提高宣传质量，注重宣传效果，要多开办农村经济信息宣传的名牌栏目。要注意农村经济信息的多样性，注意宣传的时效性和适用性。

四 瞄准各区域的主要问题，重视区域间均衡发展

我国东中西部发展不平衡的问题，是一个综合性问题，与我国改革开放四十年的政策导向性有关，也是改革开放初期中国特色社会主义初级阶段不得已的历史产物。对于这一问题，国家提出了西部大开发战略、中部崛起战略、东北老工业基地振兴战略等一系列战略，在东中西部平衡发展的战略部署下，我国中西部地区、老工业区、革命老区的社会经济发展取得了很大成就，同时，东部较发达地区也对中西部地区的发展给予了很大的帮助，东部较发达地区在这个过程中也满足了自身进一步发展的需要。虽然做了这些努力，但是，面对人民群众日益增长的需求，不平衡发展的问题依然很突出，并成为新时代下我国社会发展的主要矛盾之一。为了缩小区域差异，应在经济政策目标、发展目标等方面向中西部地区倾斜，在投资、城乡统筹、环保、节能降耗、土地政策、产业转移等各个方面，不应继续实行"一刀切"的政策，而要探索更多差异化的政策。

东中西部地区的最大差异在农村地区，农村地区的均衡发展事关整体区域的均衡发展。而我们从第七章的分析得知，东中西部农村地区消费需求释放的敏感点是不同的。针对西部地区农村居民，可着重从减少收入不确定性程度入手；针对中部农村居民，着重于增加农村居民稳定的收入来源；针对东部农村居民，则应着重于加深城乡一体化程度。以最大限度地促进农村消费需求增长，释放农村居民的消费潜力。

第三节 研究局限与展望

当然，不确定性与居民消费储蓄行为之间是一个非常复杂的关系，本书对于此问题的分析中还存在着一些不尽全面的地方。

数据方面，中国健康与营养调查（CHNS）虽然贵在长期追踪，然而，除了食物消费及部分非常规项目的支出外，其他日常消费相关数据、金融资产数据、养老保险均无涉及，这大大限制了该数据项目用于预防性储蓄领域分析的空间。宏观数据中，城镇居民人均金融资产的代理变量为城乡人均储蓄余额，这样一方面遗漏了证券、保险、公积金账户等城镇居民金融资产的其他重要构成部分；另一方面由于农村人口数量多，存款相对较少，用城乡人均储蓄余额作为城镇居民人均金融资产的代理变量有失准确。

理论框架方面，本书主要在缓冲存货模型的框架下展开分析，然而众所周知，缓冲存货模型没有解析解，所有的实证分析均依赖于基于数值模拟得出的经验模型，且该模型估计的重点在于不确定性代理变量的选择上。因此，不确定性代理变量的选择不同，模型的估计结果也往往不同。另，对于预防性储蓄比例的测度，虽然精确测算出了预防性财富的比例，然而却无法转化为预防性储蓄动机的强度，进而无法得到消费者行为参数的数值，而这些行为参数值对于分析政策问题是至关重要的。

技术处理方面，部分变量的细节处理还有待进一步精确。例如：微观部分相对等价谨慎性溢价的计算上使用收入代替消费；宏观部分的消费、收入均有着很强的季节性趋势，由于X12法中节假日设定为西方节假日，和我国目前节假日还有所不同，因此季节调整没有考虑节假日的效应。

第八章 结论、政策建议及展望

研究的深度和广度方面,虽然微观数据中分析了城乡之间的差异,但仍然有众多更深层面的角度有待进一步拓展研究,如不同收入阶层等。也可以利用国内最新兴起的 CHFS、CFPS 等三个调查年度的数据做进一步的分析。

对于以上不足问题,我将继续笃实克己,后续进行进一步的研究。本书其他不足和未能详尽之处,也恳请各位专家学者指正。

参考文献

白重恩、李宏彬、吴斌珍：《医疗保险与消费：来自新型农村合作医疗的证据》，《经济研究》2012 年第 2 期。

卞志村、胡恒强：《粘性价格、粘性信息与中国菲利普斯曲线》，《世界经济》2016 年第 4 期。

陈斌开、李涛：《中国城镇居民家庭资产—负债现状与成因研究》，《经济研究》2011 年第 s1 期。

陈冲：《收入不确定性的度量及其对农村居民消费行为的影响研究》，《经济科学》2014 年第 3 期。

陈梦真：《养老社会保障与城镇居民消费：理论分析与实证检验》，《社会保障研究》2010 年第 1 期。

陈强：《高级计量经济学及 Stata 应用》（第二版），高等教育出版社 2014 年版。

陈强、叶阿忠：《股市收益、收益波动与中国城镇居民消费行为》，《经济学》（季刊）2009 年第 3 期。

陈训波、周伟：《家庭财富与中国城镇居民消费：来自微观层面的证据》，《中国经济问题》2013 年第 3 期。

陈醉、刘子兰：《新型农村合作医疗保险对居民消费影响的实证分析》，《湘潭大学学报》（哲学社会科学版）2017 年第 3 期。

丁继红、应美玲、杜在超：《我国农村家庭消费行为研究——基于健康风险与医疗保障视角的分析》，《金融研究》2013 年第

10 期。

杜莉、沈建光、潘春阳：《房价上升对城镇居民平均消费倾向的影响》，《金融研究》2013 年第 3 期。

樊潇彦、袁志刚、万光华：《收入风险对居民耐用品消费的影响》，《经济研究》2007 年第 4 期。

甘犁、刘国恩、马双：《基本医疗保险对促进家庭消费的影响》，《经济研究》2010 年第 s1 期。

甘犁、尹志超、贾男、徐舒、马双：《中国家庭资产状况及住房需求分析》，《金融研究》2013 年第 4 期。

巩师恩、范从来：《收入不平等、信贷供给与消费波动》，《经济研究》2012 年第 s1 期。

顾海兵、张实桐：《试论社会保障水平与消费水平的不相关》，《经济学家》2010 年第 1 期。

郭东杰、余冰心：《计划生育、人口变迁与居民消费需求不足的实证研究》，《经济学家》2016 年第 8 期。

郭峰、冉茂盛、胡媛媛：《中国股市财富效应的协整分析与误差修正模型》，《金融与经济》2005 年第 2 期。

郭英彤、张屹山：《预防动机对居民储蓄的影响——应用平行数据模型的实证分析》，《数量经济技术经济研究》2005 年第 9 期。

杭斌：《城镇居民的平均消费倾向为何持续下降——基于消费习惯形成的实证分析》，《数量经济技术经济研究》2010 年第 6 期。

杭斌、郭香俊：《基于习惯形成的预防性储蓄》，《统计研究》2009 年第 3 期。

杭斌：《基于持久收入和财富目标的跨时消费选择》，《统计研究》2007 年第 2 期。

杭斌、申春兰：《经济发达地区城镇居民预防性储蓄动机研究》，《山西财经大学学报》2009 年第 6 期。

杭斌、申春兰：《潜在流动性约束与预防性储蓄行为》，《管理世界》2007 年第 1 期。

杭斌：《习惯形成下的农户缓冲储备行为》,《经济研究》2009 年第 2 期。

何兴强、史卫：《健康风险与城镇居民家庭消费》,《经济研究》2014 年第 5 期。

何运信、沈宏、耿中元：《居民与专家通货膨胀预期的差异及两者间的关系——流行病学模型在中国的检验》,《金融研究》2014 年第 5 期。

贺菊煌：《消费函数分析》,社会科学文献出版社 2000 年版。

胡霞、丁浩：《子女随迁政策对农民工家庭消费的影响机制研究》,《经济学动态》2016 年第 10 期。

黄学军、吴冲锋：《社会医疗保险对预防性储蓄的挤出效应研究》,《世界经济》2006 年第 8 期。

贾男、张亮亮：《城镇居民消费的"习惯形成"效应》,《统计研究》2011 年第 8 期。

贾男、张亮亮、甘犁：《不确定性下农村家庭食品消费的"习惯形成"检验》,《经济学》（季刊）2011 年第 10 期。

解垩：《房产和金融资产对家庭消费的影响：中国的微观证据》,《财贸研究》2012 年第 4 期。

雷震、张安全：《预防性储蓄的重要性研究：基于中国的经验分析》,《世界经济》2013 年第 6 期。

李剑、臧旭恒：《住房价格波动与中国城镇居民消费行为》,《南开经济研究》2015 年第 1 期。

李江河、孔祥利、石珊珊：《消费习惯形成视角下中国城乡居民预防性储蓄行为对比分析》,《西安财经学院学报》2018 年第 4 期。

李拉亚：《理性疏忽、粘性信息和粘性预期理论评介》,《经济学动态》2011 年第 2 期。

李涛、陈斌开：《家庭固定资产、财富效应与居民消费：来自中国城镇家庭的经验证据》,《经济研究》2014 年第 3 期。

李燕桥、臧旭恒:《消费信贷影响我国城镇居民消费行为的作用渠道及检验》,《经济学动态》2013 年第 1 期。

李伊、郭志广:《经济转型期中国农村居民消费行为分析——基于微观面板数据》,《宏观经济研究》2013 年第 4 期。

李勇刚、高波、张鹏:《土地供应、住房价格与居民消费》,《南京农业大学学报》(社会科学版)2013 年第 3 期。

李勇辉、温娇秀:《我国城镇居民预防性储蓄行为与支出的不确定性关系》,《管理世界》2005 年第 5 期。

李振明:《中国股市财富效应的实证分析》,《经济科学》2001 年第 3 期。

廖理、张金宝:《城市家庭的经济条件、理财意识和投资借贷行为:来自全国 24 个城市的消费金融调查》,《经济研究》2011 年第 s1 期。

廖理、张学勇:《首届中国消费金融研讨会综述》,《经济研究》2010 年第 s1 期。

林白鹏、臧旭恒:《消费经济学大辞典》,经济科学出版社 1999 年版。

刘铠豪:《人口年龄结构变化影响城乡居民消费率的效应差异研究——来自中国省级面板数据的证据》,《人口研究》2016 年第 2 期。

刘雯、杭斌:《老龄化背景下我国城镇居民储蓄行为研究》,《统计研究》2013 年第 12 期。

刘兆博、马树才:《基于微观面板数据的中国农民预防性储蓄研究》,《世界经济》2007 年第 2 期。

刘子兰、陈梦真:《养老保险与居民消费关系研究进展》,《经济学动态》2010 年第 1 期。

龙志和、周浩明:《中国城镇居民预防性储蓄实证研究》,《经济研究》2000 年第 11 期。

罗楚亮：《经济转轨、不确定性与城镇居民消费行为》，《经济研究》2004 年第 3 期。

骆祚炎：《消费粘性约束下直接与累积的财富效应测度及其政策涵义》，《中央财经大学学报》2011 年第 12 期。

马双、臧文斌、甘犁：《新型农村合作医疗保险对农村居民食物消费的影响分析》，《经济学》（季刊）2010 年第 10 期。

孟好：《我国城乡居民消费行为差异研究》，《统计研究》2016 年第 9 期。

裴春霞、臧旭恒：《中国居民预防性储蓄行为研究》，经济科学出版社 2009 年版。

彭兴韵：《粘性信息经济学——宏观经济学最新发展的一个文献综述》，《经济研究》2011 年第 12 期。

钱文荣、李宝值：《不确定性视角下农民工消费影响因素分析——基于全国 3679 个农民工的调查数据》，《中国农村经济》2013 年第 11 期。

施建淮、朱海婷：《中国城市居民预防性储蓄及预防性动机强度：1999—2003》，《经济研究》2004 年第 10 期。

石明明、刘向东：《空间、消费黏性与中国低消费率之谜》，《中国人民大学学报》2015 年第 3 期。

苏良军、何一峰、金赛男：《暂时收入真正影响消费吗？——来自中国农村居民面板数据的证据》，《管理世界》2005 年第 7 期。

孙凤：《消费者行为数量研究》，上海三联书店、上海人民出版社 2002 年版。

田青：《资产变动对居民消费的财富效应分析》，《宏观经济研究》2011 年第 5 期。

万广华、史清华、汤树梅：《转型经济中农户储蓄行为：中国农村的实证研究》，《经济研究》2003 年第 5 期。

万广华、张茵、牛建高：《流动性约束、不确定性与中国居民消费》，《经济研究》2001年第11期。

王辉、张东辉：《中国居民预防性储蓄比例研究（2001—2008）》，《求索》2010年第5期。

王健宇：《收入不确定性的测算方法研究》，《统计研究》2010年第9期。

王江、廖理、张金宝：《消费金融研究综述》，《经济研究》2010年第s1期。

王克稳、李敬强、徐会奇：《不确定性对中国农村居民消费行为的影响研究——消费不确定性和收入不确定性的双重视角》，《经济科学》2013年第5期。

王勇：《通过发展消费金融扩大居民消费需求》，《经济学动态》2012年第8期。

吴卫星、荣苹果、徐芊：《健康与家庭资产选择》，《经济研究》2011年第s1期。

夏庆杰、顾思蒋：《中国中老年家庭储蓄行为影响因素研究》，《社会科学战线》2018年第7期。

肖作平、尹林辉：《我国住房公积金缴存比例的影响因素研究》，《经济研究》2010年第s1期。

徐舒、赵绍阳：《养老金"双轨制"对城镇居民生命周期消费差距的影响》，《经济研究》2013年第1期。

徐小鹰：《房价上涨影响居民消费的作用机制分析》，《经济问题》2012年第10期。

许桂华：《家庭债务的变动与居民消费的过度敏感性：来自中国的证据》，《财贸研究》2013年第2期。

杨继东：《通货膨胀与消费需求》，《财贸经济》2012年第8期。

杨继军、张二震：《人口年龄结构、养老保险制度转轨对居民储蓄率的影响》，《中国社会科学》2013年第8期。

杨汝岱、陈斌开：《高等教育改革、预防性储蓄与居民消费行为》，《经济研究》2009年第8期。

叶海云：《试论流动性约束、短视行为与我国消费需求疲软》，《经济研究》2000年第11期。

易行健、王俊海、易君健：《预防性储蓄动机强度的时序变化与地区差异——基于中国农村居民的实证研究》，《经济研究》2008年第2期。

易行健、张波、杨碧云：《外出务工收入与农户储蓄行为：基于中国农村居民的实证检验》，《中国农村经济》2014年第6期。

袁冬梅、李春风、刘建江：《城镇居民预防性储蓄动机的异质性及强度研究》，《管理科学学报》2014年第7期。

袁志刚、宋铮：《人口年龄结构、养老保险制度和最优储蓄率》，《经济研究》2000年第11期。

臧旭恒等：《居民资产与消费选择行为分析》，上海三联书店、上海人民出版社2001年版。

臧旭恒、贺洋：《农村居民消费政策影响机制及政策效力分析》，《经济学动态》2014年第5期。

臧旭恒、裴春霞：《流动性约束理论与转轨时期的中国居民储蓄》，《经济学动态》2002年第2期。

臧旭恒、裴春霞：《预防性储蓄：产生及其决定》，《东岳论丛》2003年第6期。

臧旭恒、裴春霞：《预防性储蓄、流动性约束与中国居民消费计量分析》，《经济学动态》2004年第6期。

臧旭恒、裴春霞：《转轨时期中国城乡居民消费行为比较研究》，《数量经济技术经济研究》2007年第1期。

臧旭恒：《中国消费函数分析》，上海三联书店、上海人民出版社1994年版。

张成思、党超：《异质性通胀预期的信息粘性与信息更新频率》，

《财贸经济》2015 年第 10 期。

张川川、John Giles、赵耀辉：《新型农村社会养老保险政策效果评估——收入、贫困、消费、主观福利和劳动供给》，《经济学》（季刊）2015 年第 1 期。

张存涛：《中国房地产价格的财富效应分析》，《价格理论与实践》2006 年第 11 期。

张大永、曹红：《家庭财富与消费：基于微观调查数据的分析》，《经济研究》2012 年第 s1 期。

张金宝：《城市家庭的经济条件与储蓄行为：来自全国 24 个城市的消费金融调查》，《经济研究》2012 年第 s1 期。

张振、乔娟：《收入不确定性对城乡居民消费支出影响的比较研究》，《财贸研究》2011 年第 6 期。

赵进文、邢天才、熊磊：《我国保险消费的经济增长效应》，《经济研究》2010 年第 s1 期。

周博：《房价波动会引致预防性储蓄吗?》，《统计研究》2016 年第 4 期。

朱波、杭斌：《流动性约束、医疗支出与预防性储蓄》，《宏观经济研究》2015 年第 3 期。

朱春燕、臧旭恒：《预防性储蓄理论——储蓄（消费）函数的新进展》，《经济研究》2001 年第 1 期。

［美］安格斯·迪顿：《理解消费》，胡景北、鲁昌译，上海财经大学出版社 2003 年版。

［美］安格斯·迪顿、约翰·米尔鲍尔：《经济学与消费者行为》，龚志民、宋旺等译，中国人民大学出版社 2002 年版。

Alessandra G. and Mariacristina R., "Private Medical Insurance and Saving: Ecidence from the British Household Panel Survey", *Journal of Health Econimics*, Vol. 23, No. 4, July 2004.

Asubel L. M., "The Failure of Competition in the Credit Card Market",

The American Economic Review, Vol. 81, No. 1, March 1991.

Ballinger P. and Wilcox, "Precautionary Saving and Social Learning Across Generations: An Experiment", *The Economic Journal*, Vol. 113, No. 9, October 2003.

Bartzsch N., "Precautionary Saving and Income Uncertainty in Germany—New Evidence from Microdata", *Journal of Economics and Statistics*, Vol. 228, No. 1, January 2008.

Browning M. and Lusardi A., "Household Saving: Micro Theories and Micro Facts", *Journal of Economic Literature*, Vol. 34, No. 4, December 1996.

Caballero R. J., "Consumption Puzzles and Precautionary Savings", *Journal of Monetary Economics*, Vol. 25, No. 1, January 1990.

Caballero R. J., "Earning Uncertainty and Aggregate Wealth Accumulation", *The American Economic Review*, Vol. 81, No. 4, September 1991.

Campbell J. Y. and Cocco J. F., "How Do House Prices Affect Consumption? Evidence from Micro Data", *Journal of Monetary Economics*, Vol. 54, No. 3, April 2007.

Campbell J. Y. and Deaton A., "Why is Consumption So Smooth?", *The Review of Economic Studies*, Vol. 56, No. 3, July 1989.

Carroll C. D. and Samwick A. A., "How Important is Precautionary Saving", *The Review of Economics and Statistics*, Vol. 80, No. 3, August 1998.

Carroll C. D. and Samwick A. A., "The Nature of Precautionary Wealth", *Journal of Monetary Economics*, Vol. 40, No. 1, September 1997.

Carroll C. D., Hall R. E. and Zeldes S. P., "The Buffer-Stock Theory of Saving: Some Macroeconomic Evidence", *Brookings Papers on Eco-

nomic Activity, Vol. 1992, No. 2, 1992.

Carroll C. D., Misuzu O. and Slacalek J., "How Large are Housing and Financial Wealth Effects? A New Approach", *Journal of Money, Credit and Banking*, Vol. 43, No. 1, February 2011.

Carroll C. D., "A Theory of the Consumption Function, With and Without Liquidity Constraints", *Journal of Economic Perspectives*, Vol. 15, No. 3, Summer 2001.

Carroll C. D., "How Does Future Income Affect Current Consumption?", *The Quarterly Journal of Economics*, Vol. 109, No. 1, February 1994.

Carroll C. D., "Macroeconomics Expectations of Households and Professional Forecasters", *The Quarterly Journal of Economics*, Vol. 118, No. 1, February 2003.

Carroll C. D., "Precautionary Saving and the Marginal Propensity to Consume out of Permanent Income", *Journal of Monetary Economics*, Vol. 54, No. 6, September 2009.

Carroll C. D. and Kimball M. S., "On the Concavity of the Consumption Function", *Econometrica*, Vol. 64, No. 4, July 1996.

Case K. E., Quigley J. M. and Shiller R. J., "Comparing Wealth Effects: The Stock Market and the Housing Market", *Advances in Economics*, Vol. 5, No. 1, 2005.

Chen J., "Re-evaluating the Association between Housing Wealth and Aggregate Consumption: New Evidence from Sweden", *Journal of Housing Economics*, Vol. 15, No. 4, December 2006.

Chou S. Y, Liu J. T. and Hammitt, "National Health Insurance and Precautionary Saving: Evidence from Taiwan", *Journal of Public Economics*, Vol. 87, No. 9, September 2003.

Coibion O., "Testing the Sticky Information Phillips Curve", *The Review of Economics and Statistics*, Vol. 92, No. 1, February 2010.

Cooper D. and Dynan K. E., "Wealth Shocks and Macroeconomic Dynamics", *Public Policy Discussion Papers*, Federal Reserve Bank of Boston, No. 13 – 14, 2013 (https://www.bostonfed.org/publications/public-policy-discussion-paper/2013/wealth-shocks-and-macroeconomic-dynamics.aspx).

Cross D. B. and Souleles N. S., "Do Liquidity Constraints and Interest Rates Matter for Consumer Behavior? Evidence from Credit Card Date", *The Quarterly Journal of Economics*, Vol. 117, No. 1, Feburary 2002.

Deaton A., "Saving and Liquidity Constraints", *Econometrica*, Vol. 59, No. 5, September 1991.

Dynan K., Skinner J. and Zeldes S. P., "Do the Rich Save More?", *Journal of Political Economy*, Vol. 112, No. 2, April 2004.

Dynan K., "Habit Formation in Consumer Preferences: Evidence from Panel Data", *The American Economic Review*, Vol. 90, No. 3, June 2000.

Dynan K., "How Prudent are Consumers?", *Journal of Political Economy*, Vol. 101, No. 6, December 1993.

Döpke J., Dovern J., Fritsche U. and Slacalek J., "Sticky Information Phillips Curves: European Evidence", *Journal of Money, Credit and Banking*, Vol. 40, No. 7, October 2008.

Edward S. and Knotek H., "A Tale of Two Rigidities: Sticky Prices in a Sticky-Information Environment", *Journal of Money, Credit and Banking*, Vol. 42, No. 8, December 2010.

Fan E. and Zhao R., "Health Status and Portfolio Choice: Causality or Heterogeneity", *Journal of Banking & Finance*, Vol. 33, No. 6, June 2009.

Fuchs S. , "Precautionary Savings and Self-selection Evidence from the German Reunification 'Experiment'", *The Quarterly Journal of Economics*, Vol. 120, No. 3, August 2005.

Gruber J. and Yelowitz A. , "Public Health Insurance and Private Savings", *Journal of Political Economy*, Vol. 107, No. 6, December 1999.

Horag C. , Steven L. and Nelson C. M. , "Precautionary Saving of Chinese and US Households", *Journal of Money, Credit and Banking*, Vol. 49, No. 4, June 2017.

Horioka C. Y. and Junmin W. , "The Determinants of Household Saving in China: A Dynamic Panel Analysis of Provincial Data", *Journal of Money, Credit and Banking*, Vol. 39, No. 8, December 2007.

Hubbard R. G. , Skinner J. and Zeldes S. P. , "Expanding the Life-Cycle Model: Precautionary Saving and Public Policy", *The American Economic Review*, Vol. 84, No. 2, May 1994.

Kantor S. E. and Fishback P. V. , "Precautionary Saving, Insurance, and the Origins of Workers' Compensation", *Journal of Political Economy*, Vol. 104, No. 2, April 1996.

Kimball M. S. , "Precautionary Saving and the Marginal Propensity to Consume", *NBER Working Paper*, No. 3403, July 1990 (https://www.nber.org/papers/w3403).

Kimball M. S. , "Precautionary Saving in the Small and in the Large", *Econometrica*, Vol. 58, No. 1, January 1990.

Kishor N. K. , "Does Consumption Respond More to Housing Wealth than to Financial Market Wealth? If So, Why?", *The Journal of Real Estate Financial Economics*, Vol. 35, No. 4, November 2007.

Kong M. K. , Lee J. Y. and Lee H. K. , "Precautionary Motive for Saving and Medical Expenses under Health Uncertainty: Evidence from

Korea", *Economics Letters*, Vol. 100, No. 1, July 2008.

Lettau M. and Ludvigson S. C., "Understanding Trend and Cycle in Asset Values: Reevaluating the Wealth Effect on Consumption", *The American Economic Review*, Vol. 94, No. 1, March 2004.

Ludwig A. and Slok T., "The Relationship Between Stock Prices, House Prices and Consumption in OECD Countries", *Topics in Macroeconomics*, Vol. 4, No. 1, January 2004.

Lusardi A., "On the Importance of the Precautionary Saving Motive", *The American Economic Review*, Vol. 88, No. 2, May 1998.

Mankiw N. G. and Reis R., "Imperfect Information and Aggregate Supply", *National Bureau of Economic Research Working Paper*, No. 15773, February 2010 (http: www.nber.org/papers/w15773).

Mankiw N. G. and Reis R., "Sticky Information Versus Sticky Prices: A Proposal to Replace the New Keynesian Phillips Curve", *The Quarterly Journal of Economics*, Vol. 117, No. 4, November 2002.

Mankiw N. G. and Reis R., "Sticky Information: A Model of Monetary Non-Neutrality and Structural Slumps", *National Bureau of Economic Research Working Paper*, No. 8614, December 2010 (http: www.nber.org/papers/w8614).

Mankiw N. G., and Reis R., "Pervasive Stickiness (Expanded Version)", *National Bureau of Economic Research Working Paper*, No. 12024, February 2006 (http: www.nber.org/papers/w12024).

Modigliani F. and Cao S. L., "The Chinese Saving Puzzle and the Life-Cycle Hypothesis", *Journal of Economic Literature*, Vol. 42, No. 1, March 2004.

Muellbauer J., "Habits, Rationality and Myopia in the Life-Cycle Consumption Function", *Annales d'Economie et de Statistique*, No. 9, January 1988.

Pfajfar D. and Santoro E., "News on Inflation and the Epidemiology of Inflation Expectations", *Journal of Money, Credit and Banking*, Vol. 45, No. 6, September 2013.

Reis R., "Inattentive Consumers", *Journal of Monetary Economics*, Vol. 53, No. 8, November 2006.

Reis R., "Inattentive Producers", *The Review of Economic Studies*, Vol. 73, No. 3, July 2006.

Skinner J., "Risky Income, Life Cycle Consumption, and Precautionary Saving", *Journal of Monetary Economics*, Vol. 22, No. 2, September 1988.

Toche P., "A Tractable Model of Precautionary Saving in Continuous Time", *Economics Letters*, Vol. 87, No. 2, May 2005.

Ventura L. and Eisenhauer J. G., "Prudence and Precautionary Saving", *Journal of Economics and Finance*, Vol. 30, No. 2, June 2006.

Wei S. J. and Zhang X. B., "The Competitive Saving Motive: Evidence from Rising Sex Ratios and Savings Rates in China", *Journal of Political Economy*, Vol. 119, No. 3, June 2011.

Zelds S. P., "Consumption and Liquidity Constraints: An Empirical Analysis", *Journal of Political Economy*, Vol. 97, No. 2, April 1989.

Zinman J., "Debit or Credit?", *Journal of Banking & Finance*, Vol. 33, No. 2, February 2009.